오롯이 셋이서, 하와이

오롯이 셋이서 하와이

프롤로그

함께여서 괜찮았고, 함께라서 행복했다.

하와이 공항에 도착했다.

신랑이 택시를 찾으러 간 사이, 아이들과 의자에 잠시 앉았다. 숨을 크게 들이마셨다. 깨끗한 공기가 폐 깊숙이 스며들었다. 코 끝으로 꽃내음이 은은하게 퍼졌다. 처음 맡는 향기인데, 왠지 낯설지 않았다. 우리나라에서 미세먼지로 힘들었는데 하와이 공기는 축복이었다.

순간 바람이 얼굴을 스치고 지나갔다. 동남아처럼 후덥지근할 줄 알았는데 산뜻했다. 온화하고 부드러운 바람이었다. 머리를 쓰담으며 어루만지는 듯 했다.

"오느라 고생했어. 하와이에 잘 왔어."

하와이가 그렇게 말하는 것 같았다. 며칠째 집 구할 걱정에 잠도 제대로 못 잤는데, 별일 아닌 듯 느껴졌다.

'괜찮을 거야. 다 잘될 거야.'

불안은 사라지고, 이상하리만치 기운이 났다. 하와이에 올 때마다 그랬다. 응원의 에너지와 편안함을 느꼈다.
사람들은 신랑 없이 아이 둘 데리고 유학을 가다니 대단하다, 용감하다고 말하곤 했다. 하지만 처음부터 그랬던 건 아니었다. 마음속으로 수없이 되물었다. '이 고생을 하면서 왜 유학을 왔을까?'라고.

낯선 땅에서 아이들과 살아간다는 건, 생각보다 크고 작은 도전과 마주하는 일이었다. 차가 견인되고, 열쇠를 차 안에 두고 문을 잠가버리고, 갑작스러운 정전과 마룻바닥에서 스며든 물기에 놀라 당황하는 날들이 찾아왔다. 하지만 그런 일을 겪으면서 우리는 조금씩 단단해졌다.
아이들은 나보다 훨씬 잘 해냈다. 영어 한마디 못하면서도 친구를 사귀고, 새로운 환경에 적응했다. 아이들을 보며 나도 다시 마음을 다잡았다. 기꺼이 엄마를 도와주고, 화낸 엄마를 금방 용서하고, 무한한 사랑을 표현하는 아이들 덕분에 나도 용기를 냈다.
우리는 언제나 함께였다. 그래서 버틸 수 있었다. 작은 것에 감동하고, 사소한 일에도 웃을 수 있었다. 엄마만 찾던 아이들이 눈부시게 성장해가는 모습을 보며, 나 역시 아이들 덕분에 자랐다. 아이와 다투고 속상했던 날도, 빗속을 신나게 뛰어다니던 날도 있었다. 그 모든 일들이 새롭고 소중했다.

이 책은 그런 날들의 기록이다. 소소하지만 특별했던, 우리가 함께 만들어낸 빛나는 하루하루를 담았다. 마음속에만 묻어두기엔 아쉬웠고, 시간이 흐르면 잊혀질까 두려웠다. 그래서 일기처럼 남겼던 블로그 이야기를 꺼내, 하나하나 엮어보았다.

혹시 지금, 하와이에서의 삶을 꿈꾸고 있다면 이 이야기가 당신에게 작은 용기를 줄 수 있길 바란다. 이미 낯선 곳에서 매일을 살아내고 있는 누군가에게는 작은 위로가 되어주었으면 한다.

말해주고 싶다. 마음에 들지 않고 엉망인 날조차 헛된 날이 아니라고. 당신은 지금 충분히 잘하고 있다고.

나는 오직 아이들이 행복하기를 바라는 마음으로 하와이에 살았다. **우리는 함께여서 괜찮았고, 함께라서 행복했다.**

목차

프롤로그_4

제 1 장 **엄마의 후회**

크리스마스 이브의 기적_14

신랑을 혼자 두고, 어떻게 유학을 가?_18

좋은 학원 찾아 삼만 리_24

엄마표 영어의 한계_29

영어, 새로운 길을 찾다_34

그래, 하와이_40

제 2 장 **하와이에 도착했습니다**

하와이 첫 차를 만나다_46
세 번의 이사, 그리고 운명 같은 집_50
운전면허증 받기가 이렇게 어려울 줄이야_54
어디서 장을 볼까?_59
때론 현지인처럼, 때론 관광객처럼_63
사라진 자동차, 사라진 205달러_70
아빠도 그립지만, 한국 음식은 더 그립다_74

제 3 장 **이 나이에 공부를 한다고**

늦었다고? 아니, 지금이 시작하기 딱 좋은 나이야_82
하와이에서 깨달은 엄마의 역할_87
엄마, 번아웃 오다_91
친구는 나의 힘_96
어른의 영어도 포기하지 않으면 는다_100

제4장 하와이 학교 행복한 아이들

하와이 선생님은 감동_106
경제활동을 배우는 초등학교 마켓 데이_111
초등학교 ELL 마지막 수업_116
하와이에서 중학생을 대하는 자세_120
영어보다 중요한 건_126

제5장 하와이를 사랑할 수밖에

바다, 바람, 그리고 도서관_134
아파도 함께여서 행복해_139
마음껏 숨 쉬고 비 맞아도 돼_144
천천히, 걷다_149
알로하, 마음을 어루만지는 말_153
잃어버린 나를 찾아서_160

제 6 장 **눈 감으면 하와이가**

카일루아 같은 그녀_168
코로나 속 크리스마스, 귀인이 찾아왔다_173
코로나 뚫고 할매, 할배 날다_181
부모님 여행의 절정, 마우이섬_185
시끌벅적 그녀들이 왔다_192
남기지 않고 떠나기_198
졸업하러 하와이에 왔어요_203
우리의 이야기 – 가족 인터뷰_211

에필로그_226

제 1 장

엄마의 후회

크리스마스 이브의 기적
하와이에서 집 구하기

"12월 초에는 들어가시는 거죠?"

유학원에서 당연한 듯 물었다. 연말이면 집 구하기 어려우니 한 달 일찍 들어가길 권했다. 하지만 직장을 다니는 사람으로서 현실적으로 불가능했다. 남은 휴가를 긁어모아 겨우 10일 일찍 출국하기로 했다.
집을 구하지 못했다는 건 큰 문제였다. 유학원 현지 정착 서비스는 비싸서 처음에는 이용하지 않기로 했다. 신랑과 매일 밤 부동산 사이트를 뒤졌다. 괜찮아 보이는 집 광고에 이메일을 보냈지만 한 통의 답신도 없었다.
출국을 앞두고 집을 못 구해 할 수 없이 정착 서비스를 신청했다. 하지만 이내 포기했다. 현지에서 이유 없이 며칠씩 연락을 안 주기도 했고, 어쩌다 소개받은 집은 마음에 들지 않았다. 빠듯한 일정에 속만 타들어 갔다. 결국 집을 구하지 못한 채 비행기에 올랐다.

비행기 안에서 아이들은 신나게 영화를 보고 게임을 했지만, 나와 신랑은 한숨만 나왔다. 하와이에 도착하는 날이 크리스마스 5일 전이었고, 민박집 숙박이 끝날 때까지 집을 구해야 했다. 못 구하면 비싼 호텔로 옮기거나, 그마저 없으면 거리를 떠돌 수도 있었다. 집 주소가 있어야 아이들 학교 등록이 가능했기에 하루가 급했다.

막막했던 첫날

숙소에서 짐을 풀고, 아이들을 재운 후 신랑과 머리를 맞댔다. 한국에서 검색해둔 집이라도 무작정 방문해 보기로 했다.

우선 한 콘도(우리나라 아파트와 비슷한 주택 형태)에 도착했다. 로비에 있는 크고 멋진 크리스마스트리가 우릴 반겼다. 하지만 사람은 아무도 없었다. 게시판을 둘러보다 부동산 중개인의 명함을 발견했다. 반가운 마음에 전화를 걸었지만, 모르는 번호라 그런지 받지 않았다. 첫날이 헛되이 흘러갔다.

뜻밖의 행운

"우리나라처럼 동네마다 부동산 사무실이 있으면 좋을 텐데."

신랑이 던진 한 마디에, 문득 한국에서 연락했던 한인 부동산 블로거가 떠올랐다. 하와이를 검색하다 알게 되어 몇 번 댓글을 주고받고는 까맣게 잊고 있었다. 혹시 하는 마음에 블로그에 글을 달았는데 바로 연락이 닿았다. 하와이 지역 부동산 회사에서 일하고 있다면서, 다음 날 사무실에서 만나자고 했다.

그분은 매매만 거래한다면서, 월세 전담 중개사를 연결시켜 주었다. 드디어 처음으로 하와이 집 실물을 볼 수 있었다. 우리가 본 집은 전망이 훌륭했고, 학군도 괜찮았으며, 호텔 못지않은 야외 수영장까지 갖춘 곳이었다. 하지만 집 안에 세탁기가 없어 공용 세탁실을 사용해야 하는 단점이 있었다. 게다가 그 집을 소개해 준 중개사는 다음 날 휴가를 떠나버렸다.

하와이 계약 절차는 우리나라와 달랐다. 계약서에 서명하고 입금하면 바로 입주할 수 있는 것이 아니었다. 입주 신청 후 임대 신청서를 내고 신원 확인과 재정 상태를 확인하는 절차가 필요했다. 몇 주가 걸리는 과정이었다. 크리스마스 연휴가 시작되는 상황에서 휴가 간 중개사를 더 이상 기다릴 시간이 없었다.

기적처럼 찾아온 '우리 집'

첫 번째 집을 본 후 놀라운 변화가 생겼다. 이전에는 아무런 답이 없던 부동산 중개업자와 집주인이 연락을 해 오기 시작했다. 사실 신랑이 미국 전화번호를 사용한 것이 계기였다. 이메일보다 직접 전화하는 것이 신뢰를 얻는 방법이라는 사실을 뒤늦게 깨달았다.

집 몇 군데를 둘러 본 후, 마침내 우리가 정착할 집을 찾았다. 한인 인터넷 카페에 집주인이 직접 올린 매물이었다. 집은 비어 있어 바로 볼 수 있었다.

집주인은 30년 전 이민 온 한국사람이었고, 아이를 키우는 엄마라서 더욱 신뢰가 갔다. 부동산을 거치지 않는 직거래라 절차도 간단했다. 오래된 콘도였지만 관리가 잘 되어 있었고, 필요한 가구와 가전이 모두 갖춰져 있어 당장 생활이 가능했다. 세탁기와 건조기, 식기세척기까지 있었다. 바닥도 카펫이 아닌 마루였다. 무엇보다 집주인과 한국어로 소통할 수 있다는 점이 가장 반가웠다.

망설일 이유가 없었다. 계약서를 쓰고 보증금을 건넨 후, 우리는 마침내 크리스마스 이브인 12월 24일, 새로운 보금자리로 이사했다.

안정이 주는 위로

이삿짐을 정리하고 크리스마스 파티를 준비했다. 신랑이 스테이크를 굽느라 기름이 사방으로 튀어도 좋았다. 길거리에 나앉을 걱정을 덜었기 때문이었다. 편안한 우리 집에서, 음식을 준비하고 음료수와 와인잔을 부딪치며 축하를 했다.

집이 주는 안정감은 이루 말할 수 없었다. 지친 몸을 누일 집이 있다는 것만으로 감사했다. 크리스마스이브의 기적 같았다.

그리고, 드디어 우리의 하와이 생활이 시작되었다.

신랑을 혼자 두고, 어떻게 유학을 가?
신랑을 두고 떠나는 유학, 가능할까?

"신랑이 유학 가도 된대요? 시댁은요?"

아이들과 유학을 떠난다고 했을 때, "부럽다!"라는 말 다음에 꼭 따라오는 질문이었다. 그럴 때마다 웃으며 "잘 설득했죠."라고 했지만, 사실 신랑을 설득하는 데만 꼬박 2년이 걸렸다.

나는 일단 부딪혀 보는 스타일이지만, 신랑은 돌다리도 두드려보고 건너는 성격이었다. 유학을 가고 싶다고 했을 때 신랑은 "왜 꼭 가야 해?", "무슨 돈으로?" 같은 현실적인 질문을 던졌다. 하지만 내 대답은 신랑을 설득하기엔 부족했다. 그래도 가야 했기에 신랑을 온전히 이해시키지 못한 채 유학 준비를 시작했다.

신랑 설득하는데 2년

유학을 결정한 가장 큰 이유는 아이들의 영어 교육이었다. 하지만 솔직히 말하면 외국에서 살아보고 싶었다. 늘 같은 일상을 반복하는 삶에서 벗어나고 싶었다. 하지만 신랑에게 "그냥 외국에서 살아보고 싶어."라고 하면 너무 무책임해 보일 것 같았다.

현실적으로 접근할 필요가 있었다. 학비와 생활비를 꼼꼼하게 계산해서 한국 생활비와 비교했다. 아이들을 사립학교가 아닌 공립학교에 무료로 보내고 한국에서 지출하던 학원비를 절약했다. 불필요한 외식비도 줄였다. 계산해 보니 하와이에서의 생활비가 한국과 크게 차이가 나지 않았다.

하와이를 여행하면서 안전한 곳이라는 것도 확인했다. 유학원을 알아보는 과정에서 우리처럼 하와이로 유학을 준비하는 사람들이 많다는 것도 알게 됐다. 점점 신랑의 마음이 열렸다.

하지만 신랑의 마지막 질문은 여전히 나를 멈칫하게 만들었다.

"그래도 꼭 가야 돼?"

나는 여전히 그 질문에 명확한 답을 주지 못한 채, 하와이로 떠났다.

하와이에서 찾은 답 : '자유'

유학을 시작했지만 신랑의 질문이 머릿속을 맴돌았다. 정말 왜 온 걸까?

유학 초반, 현실은 기대와 많이 달랐다. 아이들을 돌보면서 공부까지 병행하는 건 생각보다 힘들었다. 매일 숙제와 수업 준비에 쫓겼다. 반찬가게도, 청소 도우미도, 가족의 도움도 없는 환경. 모든 걸 혼자 해결해야 했다.

그러다 어느 날, 한 권의 책에서 해답을 찾았다. 개그맨 고명환의 『책 읽고 매출의 신이 되다』라는 책이었다. 서문에 이런 문장이 있었다.

"나는 자유를 얻었다."
그 순간, 깨달았다.

"나도 자유를 얻으러 하와이에 왔다!"

엄마, 아내, 직장인으로서 늘 의무감에 쫓기듯 살았다. 남들이 정해준 기준 속에서 좋은 엄마, 좋은 아내, 좋은 직원이 되려고 애썼다. 하지만 정작 '나'는 없었다.

하와이에서는 달랐다. 아무도 내 직업을 묻지 않았고, 아이가 공부를 잘하는지 관심 두지 않았다. 무슨 차를 타고, 몇 평짜리 집에 사는지 신경 쓰지 않았다. 뱃살이 늘어나든, 맨얼굴로 돌아다니든 누구도 나를 평가하지 않았다. 처음으로 남의 시선에서 벗어나 내 삶을 살고 있었다.

자유에는 책임도 따른다

자유를 얻고도 많은 어려움이 있었다. 차가 견인되거나, 문이 잠겨 집에 못 들어가거나, 마룻바닥에 물이 새는 일도 있었다. 그럴 때마다 '역시 오는 게 아니었나?'라는 생각도 들었다. 하지만 포기하지 않았다. 하나씩 해결해 나갈 뿐이었다. 그리고 어느 순간, 알아챘다. 어렵지만 이곳에서의 삶이 좋다고.

아이들도 노력했다. 공부를 지루한 의무가 아닌, 즐거운 경험으로 받아들였다. 영어는 교과서 속 죽은 문장이 아니라, 살아 숨 쉬는 언어가 되었다. 무엇보다 엄마와 함께하는 시간이 많아져 아이들도 생기가 돌았다.

"신랑아, 그동안 열심히 살았으니까, 나 스스로에게 안식년을 줘도 괜찮지?"

내가 찾은 답은 완벽한 논리나 현실적인 이유가 아니었다. 나에게 필요했고, 우리 가족에게 좋은 변화가 될 거라는 믿음이었다.

유학을 고민하는 사람들에게 말해주고 싶다. 완벽한 준비나 확실한 이유가 없더라도 내면에서 울려 퍼지는 목소리를 믿어 보라고. 가 보면 답을 찾을 수 있다고.

나는 그렇게 유학을 떠났고, 자유를 찾았다.

매직아일랜드로 가는 길

좋은 학원 찾아 삼만 리
영어 학원이 답일까?

"난 학원 못 끊을 거 같아. 학원에 안 가면 어떻게 공부해야 할지 모르겠어. 너도 그래?"

지하철에서 중학생 아이들 이야기를 엿들었다. 학원은 싫은데 안 갈 수가 없다고 했다.

엄마들의 불안

영어, 중요하다. 대학 입시는 물론 직장 구할 때도 필수다. 지금은 학원도 많고 배우는 방법도 다양하다. 그렇다 보니 아이들은 우리 세대보다 실력이 뛰어나다. 그런데도 여전히 영어 공부에 시달린다. 어릴 때 놀이 같던 영어는 대입과 취업으로 지루하고 괴로운 과목이 된다.

대입은 생각보다 빨리 다가오고 마음이 급해진다. 득점 요령을 알려주는 학원을 찾아다닌다. 마침내 대입 문턱을 넘으면 취업이 또 기다린다. 토플, 토익 점수가 필요하니 또 학원을 찾는다. 어렵게 직장에 들어가니 영어는 실전인데 의사소통이 안 된다. '한 달 만에 영어 회화 완성!'이라는 학원 문구가 솔깃하다. 어릴 때부터 시작한 영어는 여전히 미완성이다.

엄마들도 이런 영어 일생을 겪었다. 그렇다 보니 영어가 두렵다. 그래서 아이가 어릴 때부터 영어 공부에 정성을 들인다. 엄마들 신념은 확고하다.

'언어는 어릴 때부터 배워야 잘할 수 있다'
'초등학교 때 영어를 끝내야 중, 고등학교에 국어, 수학에 집중해서 대입에 성공한다'

유명하다는 영어책과 DVD를 사들인다. 영어 유치원에 못 보내면 영어 수업 있는 어린이집이나 학원이라도 보낸다. 원어민 선생님은 필수고, 현지인 발음이 중요하다. 인기 학원 시험을 준비하려고 또 다른 학원에 다닌다. 하지만 초등학교 3학년부터 학교 영어 수업이 시작되고 시험을 위한 영어 학원으로 옮긴다. 급기야 '7세 고시'라는 말까지 나온다.

선배 엄마들은 말한다.

"영어 유치원? 원어민? 다 소용없어. 초등학교 3학년에 실력이 같아지더라."

학원은 불안을 먹고 자란다

"이모, 나 영어 잘하지?"

친구 아이가 자랑스러운 표정을 지었다. 곧 영어 말하기 대회가 있다고 했다. 연습을 많이 한 모양이었다. 아이 발표를 듣고 "대단하다, 잘했어!"라고 응원했다. 하지만, 그 순간 마음속에서 뭔가 불편함이 느껴졌다. 아이가 발표한 내용은 '외운 티'가 났다. 학원에서 써 준 내용이었다. 아이 목소리와 표정은 자신감을 보였지만, 말하는 내용은 기계적으로 외운 문장에 불과했다. 과연 자기 생각이 담긴 말이었을까?

학원비는 비쌌다. 학창 시절 넉넉지 못했던 친구는 아이 공부에 열성이었다. 학원에서 배운 딸 영어 실력을 보여주고 싶어 했다. 하지만 나는 우리 어릴 때와 다름없이 학원에서 반복적으로 외우며 준비하는 방식에 놀랐다.

나는 친구보다 9년이나 늦게 결혼했고, 어느덧 내 아이도 유치원생이 되었다. 친한 동네 엄마가 괜찮은 영어학원에 가보자고 했다. 그 학원으로 옮기고 싶어 했다. 아이가 테스트받는 동안 학원을 둘러봤다. 새 건물에 하얀 대리석 바닥이 반짝였다. 유리벽을 통해 작은 교실 내부가 보였다. 아이 수준에 따라 소수정예로 반이 나눠졌다. 멋진 교실에서 원어민 선생님과 공부하는 모습을 상상했다. 고급 영어교육 학원이었다.

테스트가 끝나고 원장을 만났다. 명품 옷 입은 원장은 외국에서 공부했다고 소개했다. 테스트 결과 아이는 기초반에 배정되었다. 실망하는 엄마에게 지난 학원에서 어떻게 배웠는지 묻더니 앞으로 열심히만 하면 영어 실력이 늘 거라고 장담했다. 학원이 어떻게 운영되는지 빤히 보이는데 아이 엄마는 간절했다.

내 아이도 곧 초등학생이 되었다. 나는 그때 비교적 업무가 쉬운 교통안전 교육을 맡았다. 센터에는 많은 아이들이 방문했다. 영어유치원에서도 견학을 왔다. 영어유치원 반 인원은 열 명 안팎이었다. 한국 선생님 한 분, 영어 선생님 한 분이 담임이었다.

센터에 근무하는 안전선생님이 각 코너마다 설명 후 아이들이 체험하도록 했다. 특이한 점은, 영어유치원 아이들은 안전선생님 지시에 따르지 않았다. 우리나라 아이들이라 설명은 알아들었을 것이다. 다만 담임 선생님이 영어로 지시할 때만 반응했다. 한정된 시간에 체험을 많이 시키고 싶은데 영어 설명이 더해져 체험 시간이 줄어들었다. 아이들은 말이 별로 없었다. 또래 아이들이 떠들고 뛰어다니는 모습과 대조적이었다. 아직 우리나라 발음도 서툰 아이들이었다.

중요한 것은 원칙과 방향

어떤 유튜브 영상에서 원어민 대학생에게 수능 영어 문제를 풀게 했다. 학생은 이해하기 어렵다고 했다. 정답을 보고도 이해 못 하는 눈치였다. 현지 대학생도 알 수 없는 어려운 문장과 단어를 우리는 몇 년 동안 공부하고 있다. 시험을 위한 영어, 그 영어를 위한 학원으로 내몰린다. 시험 영어는 단어가 어렵고 문장 구조도 복잡하다. 외국인을 만났을 때 당장 사용할 수 있는 언어가 아니다.

정답이 없기에 엄마들은 두렵고, 두려워서 학원에 기댄다. 좋은 학원을 찾아 헤맨다. 영어 유목민이 된다. 영어라는 언어는 하나인데 학원은 여러 모습이다. 파닉스부터 회화 학원, 입시학원까지. 어떤 학원을 다녀도 영어로부터 자유로울 수 없다. 소통하는 영어와 시험 대비하는 영어는 두 마리 토끼처럼 닮은 듯 다르다. 방향도 제각각이다. 방향이 다른 영어가 완성이 되긴 하는지 궁금하다.

엄마의 바람

현실적으로 대입과 취업을 위해서 영어를 배운다. 그 정도면 학원 영어만으로도 괜찮다. 내 영어도 거기까지였다. 하지만 내 아이들은 달랐으면 좋겠다. 영어라는 도구를 통해서 세상의 많은 지식과 생각을 만났으면 좋겠다. 시험 점수보다 소통과 이해를 위해 배우기를 바란다. 넓은 안목으로 다양한 시각을 인정하고 통합해서 더 성장하기를 원한다.

물론 영어학원도 필요하다. 하지만 전부가 되어서는 안 된다. 영어를 통해 '세상과 소통할 수 있는 능력'을 가르쳐야 한다. 그러려면 영어를 즐기고 싶은 언어로 느낄 수 있도록 도와줘야 한다. 아이에게 영어 날개를 달아주고 싶다.

그래서 하와이로 날아갔다.

엄마표 영어의 한계
엄마표로 죽어라 시켜봐도

퇴근하자마자 큰 아이가 뛰어와 자랑했다.

"엄마! 원어민 선생님이 칭찬하셨어! 내 발음이 진짜 좋대!"

처음으로 영어가 정식 과목이 되던 초등학교 3학년. 첫 영어 시간에 큰 아이는 선생님 말씀을 다 알아들었다고 했다. 반에서 질문에 답하는 아이가 딱 두 명이라고 했다. 아이는 그때까지 공부 못하는 아이라고 스스로 주눅 들었는데 모처럼 자랑스러워했다.

공부 못하면 엄마 탓
나는 아이를 학원 보내기가 그렇게 싫었다. 안 그래도 직장 다니느라 엄마 대신 픽업해주는 수영, 발레, 인라인 학원으로 아이를 돌렸다. 학습을 위한 학원까지는 보내고 싶지 않았다. 신랑도 나도 입시학원 한번 제대로 다니지 않았다. 그래도 대학 나와 회사원으로, 공무원으로 일하고 있었다. 학교 공부로 충분하다고 생각했다. 아무리 학원에서 배워도 스스로 공부하지 않으면 의미 없었다. 선행까지 학원에서 배운다면 학교 공부에 흥미도 떨어질 것 같았다.

그 탓에 첫째 아이는 반 아이들이 모두 아는 내용을 혼자 몰랐고 자존감이 떨어졌다. 성적도 그랬다. 엄마 탓이었다.

아이가 자기를 공부를 못하는 아이라고 할 줄 몰랐다. 그 부분까지 예상하지 못해 미안했다. 하지만 언어만큼은 잘하는 아이로 키우고 싶었다. 우리말과 영어를 올바로 배우면 저학년에 조금 뒤처지더라도 언제든 따라잡을 수 있으리라 생각했다. 우리말은 책 읽기, 영어는 책 읽기와 더불어 듣기에 집중했다. 언어를 잘 배우려면 무엇보다 자연스럽고 재미있어야 했다. 특히 어린 아이들이 지속할 수 있으려면 재미가 필수였다.

엄마표 영어

엄마표 영어가 유행했다. 초등학교 때 영어를 끝내면 중고등학교 때 자막 없이 영화 보며 쉴 수 있다고 했다. 그렇게 될 수만 있으면 얼마나 좋을까. 관련 책을 꼼꼼하게 읽었다. 엄마 역할이 중요했다. 아이가 좋아하는 주제로 수준에 맞는 책과 DVD 찾는 일이 중요했다. 같이 보고 즐기는 역할이 포인트였다.

아이들은 엄마표 영어를 잘 따라왔다. 엄마와 함께라면 무엇이든 좋아했다. 먼저 유아들이 보는 DVD 몇 개를 가져왔다. 그 중에서 아이들이 직접 골랐다. 처음에는 영어로만 이야기하니 무슨 말인지 모르겠다고 했다. 그때 엄마 역할이 중요했다.

아이들 옆에 앉아 같이 봤다. 뭐라고 하는지 몰랐지만 재미있다고 박수를 쳤다. 엄마 모습을 보고 아이들도 흥미를 가졌다. 내용은 단순해서 금방 이해할 수준이었다. 캐릭터의 웃긴 표정과 몸짓만으로 재미있었다.

우리는 이 단계를 가볍게 넘겼다. 어렸을 때부터 TV를 보여주지 않아 영상이라면 영어라도 상관없이 즐거워했다. 생각보다 많은 엄마들이 이 단계에서 포기한다. 자극적인 유튜브나 동영상에 노출된 아이는 유아 애니메이션이 유치하다. 더욱이 영어만 나오니 짜증을 내기도 한다. 급기야 영어를 싫어하기도 한다. 이때 엄마가 동요하지 않아야 한다. 엄마가 먼저 재미를 느껴야 아이도 따라온다.

책 읽기는 엄마의 노력이 더 필요하다.

영어책 추천 목록을 들고 도서관에 갔다. 우리집은 세종 국립도서관에서 가까웠다. 일반 도서관보다 더 많은 영어책과 음원이 있었다. 동네마다 생긴 '작은도서관'에도 괜찮은 영어책이 많았다. 인근 대전에는 도서관이 더 많았다. 도서관마다 한 명당 다섯 권씩 스무 권을 빌렸다. 우리 가족이 다섯 군데 돌면 백 권을 빌릴 수 있었다. 목록에 있는 책 찾기는 보물찾기 같았다. 책이 가득하면 마음이 풍족했다.

방학에는 도서관 투어를 했다. 도서관마다 매점과 식당 들르는 재미도 있었다.

빌려 온 책은 모두 꺼내 책상이나 거실 바닥에 책탑을 쌓았다. 아이들은 각자 재미있을 것 같은 책을 골랐다. 빌린 책을 모두 읽게 강요하지 않았다. 아이들은 본 적 있는 DVD와 내용이 같은 책(페어북)이 익숙해서 좋아했다. 음원 CD로 원어민의 목소리를 들으며 발음을 익혔다. 모르는 단어라도 일일이 알려주지 않았다. 아이가 재미있으면 그만이었다.

아이는 몇 개월 만에 혼자 영어 그림책을 읽었다. 많이 들었던 CD 목소리대로 따라 읽었다. 한 페이지에 다섯 줄, 스무 장 넘는 책이었다. 엄마가 좋아하니 더 신나서 소리 내어 읽었다. 발음이 원어민 같았다. 언어 신동인 줄 알았다. 신기해서 녹화도 했다. 해석을 해준 적도 없는데 내용을 다 알고 있었다. 이대로라면 초등학교에서 영어를 끝낼 수 있을 것 같았다. 책에서만 가능한 일이 아니구나 싶었다. 사춘기 아이와 함께 팝콘을 먹으면서 해리포터 시리즈를 자막 없이 보는 날이 오기를 기대했다.

엄마표 영어의 한계

아이가 초등학교 3학년이 되자 새로운 숙제가 생겼다. 왠지 초등학교 3학년이 읽을 만한 영어 원서를 찾기가 어려웠다. 그 또래 아이들이 영어학원 공부로 원서 책 수요가 줄어들었기 때문이 아닐까 추측할 뿐이었다. 도서관이든 서점이든 학습용으로 생각되는 책만 보였다. 내가 봐도 지루했다.

재밌고 신나는 유아용 영어 동화책을 읽다가 갑자기 그림 몇 개 없는 무채색 책 단계로 넘어가기 어려웠다. 그 또래 아이들이 신나게 읽을 만한 그림 많고 글도 많은 재미있는 책이 없었다. 오즈의 마법사 도로시 일행이 끊어진 황금색 길을 만났을 때 기분이랄까. 더 이상 엄마표 영어의 길이 보이지 않았다.

그때 꿈꿨다. 영어권 나라에서 현지 아이들이 즐겨보는 책을 마음껏 읽히고 싶다고.

영어, 새로운 길을 찾다
아이의 영어 고민에서 시작된 여정

엄마표 영어, 한계를 만나다

아이의 영어 실력은 '엄마표 영어' 덕분에 꾸준히 늘었다. 하지만 실력이 향상될수록 다양한 책과 음원 구하는 일이 점점 어려워졌다. 학년이 올라가며 다른 과목 부담도 커졌다. 영어만 붙잡고 있을 수는 없었다.

DVD를 꾸준히 보고 학교 원어민 선생님 수업도 재미있어 했지만, 일주일에 몇 시간 수업으로는 부족했다. 다시 학원을 보낼까 고민했지만 선뜻 마음이 내키지 않았다. 초등학교 1학년 때 회화 위주 학원에 보냈다가 암기시키는 모습에 그만두게 했다. 학원은 입시 영어로 귀결될 수밖에 없었다. 나도 그랬듯이, 아이가 입시와 취업을 위한 영어에 얽매이며 힘들어하는 모습을 보고 싶지 않았다.

해외 국제학교, 해결책이 될까?

겨울방학을 앞두고 말레이시아 국제학교 공부하기가 인기를 끌었다. 국제학교에서는 영어로 공부했다. 영어뿐 아니라 물놀이 같은 액티비티도 함께할 수 있었다. 게다가 물가가 저렴해 고급 아파트에 가정부까지 둘 수 있어 엄마도 쉴 수 있는 장점이 있다는 것이다.

제주도 한 달 살기와 영어 교육을 접목한 여행 같았다. 나도 제주도와 말레이시아에서 살아 보고 싶었다. 하지만 직장인은 일주일 휴가조차 눈치가 보였다.

한 블로그 이웃은 방학마다 아이를 미국 사립학교에 보낸다고 했다. 궁금해 소개를 받았더니 비행기값을 제외하고 2주에 600만 원이었다(2018년 기준). 가격도 부담스러웠지만 초등학생 아이 혼자 미국에 보내는 건 자신이 없었다. 2주 만에 영어 실력이 얼마나 늘까 싶기도 했다.

부모가 학생 비자를 받으면 아이는 공짜

다들 기회가 있으면 외국에서 영어를 가르치고 싶어 했다. 나도 마찬가지였다. 영어권 국가에서 아이를 키우고 싶은 마음은 점점 커졌다. 그만큼 주변에서도 해외로 떠나는 가족들의 소식이 들렸다. 대학 동기는 공무원 남편이 미국으로 파견 근무를 가게 되면서 아이와 함께 2년을 살았다. 안정적인 수입과 영어 환경, 부러운 기회였다.

같이 일하던 안전 선생님도 공무원 남편 따라 사비로 유학을 떠나기로 했다. 당분간 수입은 없지만 아이 공부를 위해 도전한다고 했다.

이 소식을 듣고 처음 알게 된 사실이 있었다. 부모 중 한 명이 미국에서 학생 비자를 받으면 배우자와 아이들도 따라갈 수 있었다. 아이들은 무료로 공립학교에 다닐 수 있었다. 생각지도 못한 방법이었다.

엄마표 영어의 끝판왕은...

남편이 해외 주재원으로 캐나다에서 1년 반을 살았던 가족의 이야기를 읽었다. 캐나다 도서관 시스템은 우리나라와 달리 대출 권수 제한이 없었다.

'현지 아이들이 읽는 원서를 마음껏 빌릴 수 있겠구나. 우리 아이 입맛에 맞는 책을 골라줄 수 있겠구나.'

영어책 갈증이 해소되는 환경. 영어의 바다에서 마음껏 헤엄칠 수 있다면 '엄마표 영어'의 최종 목표가 아닐까. 그 꿈을 현실로 만들고 싶었다.

꿈꾸면 이루어진다

"유학휴직이 가능합니다."

담당자의 말에 가슴이 뛰었다. 나도 유학을 떠날 수 있었다. 학위 과정만 가능할 줄 알았는데 어학연수도 가능하다고 했다. 영어 환경을 바꿀 수 있는 기회였다.

영어로부터 자유로워지기 위해서 내가 선택할 수 있는 최선의 방법이었다. 자연스러운 환경 속에서 영어를 익히도록 돕고 싶었다.

많은 사람들이 말했다.

"너니까 가능하지. 나는 돈이 없어. 용기가 없어. 공부도 싫어."

'못 가는 이유'는 수백 가지였다. 내게는 '가야 하는 이유'가 단 하나 있었다. 영어로 가득 찬 환경.

내가 해외에서 공부하면 아이는 공립학교에서 무료로 교육받고, 무제한으로 도서관 책을 빌려볼 수 있다. 나도 영어 실력을 쌓는다면 앞으로 외국인 민원 부서에서 일할 수 있을 것이다.

간절히 원하면 우주가 돕는다고 했다. 아이의 영어 실력을 키우고 싶었던 나에게 유학의 문이 열렸다. 이제 그 문을 열고 들어가기만 하면 된다.

코올리나 비치

그래, 하와이
하와이에서 공부한다고요?

"하와이 가면 공부 안 하는데."

비자 면접의 마지막 순간이었다. 파란 눈의 백인 영사가 한국말로 건넨 한 마디는 마이크를 통해 울려 퍼졌다. 주변에서 쿡쿡 웃는 소리가 들렸다. 순간 얼굴이 붉어졌다.

눈발이 날리던 이른 아침, 초조하게 면접을 봤다. 대사관 문을 나서며 밖에서 기다리던 신랑과 마주하자 마음이 한층 푸근해졌다. 합격이었다.

하와이, 유학 장소로 선택하다.

유학 장소를 정하는 일은 생각보다 어려웠다. 가까운 필리핀부터 멀리 영국까지, 영어권 국가는 꽤 많았다. 단순하게 생각해 보기로 했다. 가능하면 선진국이었으면 좋겠다, 우리가 익숙한 북미 발음이면 좋겠다. 미국과 캐나다 중 하나였다. 하지만 캐나다는 상상만으로도 추웠다.

세계 1위 경제대국이라는 미국이 궁금했다. 직접 그들의 삶 속으로 들어가 보고 싶었다. 뉴스를 떠들썩하게 만드는 총기 사건, 인종 차별, 마약 문제 등이 걱정되었지만, 최대한 안전한 지역을 찾기로 했다.

미국은 넓었다. 서부 LA는 지진이 걱정되었고, 동부는 한국과 너무 멀었다. 여러 유학원을 찾아가고 지인들에게 조언도 구했지만 대부분 본인 경험에서 나온 단편적인 이야기만 할 뿐이었다. 스스로 선택해야 했다.

왜 하와이였을까?

미국에서 유일하게 가본 곳이 하와이였다. 안전하고 맑은 공기, 온화한 기후, 친절한 사람들이 있는 곳이었다. 유학 휴직 조건은 공식 교육기관이어야 했다. 마침 하와이에는 주립대학교 부설 어학원이 있었다. 대부분 우리나라 유학원에서는 하와이를 거의 추천하지 않았다. 심지어 어떤 유학원에서는 치안이 좋지 않다면서 자기 학원 상품만 권했다.

하와이 전문 유학원도 있었지만 '엄마가 대학 부설 어학원, 아이들은 공립학교'라는 조건을 맞춰주는 곳은 찾기 어려웠다. 어학원에서 주는 수수료를 받을 수 없으니 학원에 이득이 없었다. 그래서 아무런 정보를 주지 않았다.

여러 유학원을 다녔고, 마침내 내 조건을 들어주는 친절한 유학원을 찾았다.

하와이 유학의 이점

하와이는 관광지이자 미국의 50번째 주(최상위 지방 행정 구역)이다. 독립적인 권한을 가진 자치정부와 자체 입법부, 사법부를 갖추었다. 단순한 시골 관광지가 아니었다. 잘 짜여진 작은 나라 같았다.

하와이는 세계적인 관광지인 만큼 치안에 신경 쓰고 있어 안전하다. 다양한 인종이 모여 사는 만큼 인종차별도 찾아보기 어렵고, 학교에는 영어가 모국어가 아닌 아이들을 위한 ELL$^{English\ Language\ Learner}$수업이 있다. 무엇보다 한인마트가 세 곳이나 있고, 대한민국 총영사관도 있어 우리 국민들이 이용하기에 매우 편리하다.

와이키키에서 도시의 기분을 낼 수도 있고, 조금만 나가면 바다와 산도 즐길 수 있다.

파란 하늘과 더 파란 바다, 그리고 천천히 흘러가는 하얀 구름. 세계적인 휴양지이자 연예인들이 앞다투어 찾는 그곳에서 아이들과 살아보기로 했다.

배우 하정우가 '걷기에 가장 좋은 곳'이라 꼽았던 하와이에서, 아이들과 함께 더 넓은 세상을 경험하며 성장할 것이다. 하와이에서도 공부할 수 있다는 것, 그리고 그곳에서 보내는 시간이 내 삶을 얼마나 풍요롭게 만들어 줄지 스스로 증명해 보이기로 했다.

제 2 장

하와이에 도착했습니다

하와이 첫 차를 만나다
중고차 구입기

"차는 모릅니다. 운전만 합니다."

어느 광고 문구처럼, 딱 내 이야기였다.

운전은 해도 자동차에 대해서는 잘 몰랐다. 차 관리는 물론, 보험은 어떻게 가입하는지 신경 써 본 적이 없다. 주유하고 운전만 했다.

중고차 트라우마

취업하고 처음으로 15년 된 중고차를 샀다. 고장이 잦았고, 매달 수리비가 새 차 할부금을 넘어섰다. 이내 엔진에서 연기가 피어올라 폐차에 이르렀다. 그런 경험 탓에 중고차는 신뢰할 수 없었다.

그런데 하와이에서 신랑도 없는데 중고차는 불안했다. 언어도 서툴고, 문제가 생기면 어떻게 해결할지 걱정이었다. 그렇다고 새 차 살 형편도 아니었다. 차 없이 살아볼 생각도 있었지만, 신랑이 반대했다. 차 없이 아이들을 어떻게 데리고 다니냐고 했다. 결국 차를 사기로 했다.

중고차를 사기 위한 정보 검색

하와이에서 중고차를 사는 건 생각보다 까다로웠다. 여러 중고차 사이트를 확인하고, 한인 커뮤니티에서도 정보를 얻었다.

우리나라에서 인기가 높은 독일 자동차가 생각보다 저렴했다. 하지만 부품이 비싸고 수리하기 어려워 유지가 쉽지 않았다. 그래서 하와이 사람들이 선호하는 일본 자동차를 알아봤다. 비교적 수리도 쉽고 나중에 되팔기도 좋았다.

호놀룰루에 있는 한 자동차 매장에 들렀다. 나이는 있지만 신입사원으로 보이는 일본인이 우리를 맞이했다. 친절했지만 일본식 영어 발음이 익숙하지 않아 대화가 어려웠다. 다행히 한국 직원분이 도와주었고, 신입 사원에게 판매 실적이 필요하니 가격을 더 깎아보라고 조언했다.

예전에 인터넷에서 본 구매 팁도 떠올랐다.

"차가 마음에 들어도 바로 구매하지 마라. 월말이나 연말에는 평소보다 가격을 더 깎을 수 있다."

우리는 평소보다 싼 연말에 방문했고, 마음에 든다고 하면서도 더 둘러보겠다며 매장을 나섰다. 몇 시간 후 다시 매장에 들러 살 것처럼 가격을 더 깎아 달라고 했다. 하지만 조금 더 깎아 준 가격에도 미안하다고 하며 더 생각해 보겠다며 매장을 나섰다. 세 번째 방문에야 계약서를 작성했다.

만 달러 넘게 부르던 차를 9천 달러도 안되는 가격에 샀다.

하와이에서 차 없이 살 수 있을까?

하와이는 대중교통이 잘 되어 있었다. 호놀룰루는 버스 노선이 촘촘하고, 필요한 생활 편의시설은 대부분 차로 10분 이내에 있었다. 우버나 택시를 이용해도 많이 비싼 편은 아니었다. 먼 거리에 있는 관광지도 버스를 타고 갈 수 있어 꼭 차가 없어도 생활할 수 있었다. 버스로 다니는 관광객도 많았다.

하지만 아이들과 생활하기에는 차가 없으면 불편했다.

우선, 뜨거운 하와이 햇볕에 아이들은 쉽게 지쳤다. 장볼 때도 차가 필요했다. 하와이 물가가 비싸 대형마트 장보기가 필수였다. 많고 무거운 짐을 버스로 옮기기는 힘들었다.

무엇보다 하와이 자연을 즐기려면 차가 있어야 했다. 차가 있어야 언제든 산과 바다로 달려갈 수 있었다.

하와이에서 운전은 안전했다. 양보와 배려가 기본이었다. 교통법규를 잘 지키는 사람들 덕분에 운전도 금방 익숙해졌다.

결론적으로, 차 사기 잘했다. 차 없이 아이들과 하와이 살기는 많이 불편했을 것이다. 차가 있어야 아이들과 다니기 편하고, 마음껏 즐길 수 있다. 그동안 고생한 중고차 덕분에 우리는 하와이에서 안전하고 편리하게 살 수 있었다.

첫 차와 이별

1년만 타겠다고 샀던 첫차는 2년 넘게 탔다. 그러다 하나씩 고장이 나기 시작했다. 창문이 내려가지 않는가 하면 경적이 울리지 않기도 했다. 자동차 천장에 붙은 천이 들떠 내려앉을 때는 차를 바꾸기로 마음먹었다.

그동안 정들었던 차를 동네 중고차 매장에 넘겼다. 돌아오는 길이 아쉬워 아이들과 자꾸 뒤돌아봤다.

세 번의 이사, 그리고 운명 같은 집
집도 인연이다

"1년 계약은 어렵습니다."

처음 계약할 때 집주인은 1년 계약이라도 집이 팔리면 중간에 나가야 한다는 조건을 걸었다. 대신 월세를 시세보다 200달러 낮춰 주었다. 집이 팔려도 거래 완료까지 4개월이 걸린다며, 그때 이사갈 집을 알아보면 된다고 했다. 집이 급하던 차에 저렴한 월세까지 조건이 좋아 계약했고, 1년은 무사히 지나갔다.

어학원 1년 과정이 끝난 후 대학에 진학하면서 같은 집에서 계속 살고 싶었다. 하지만 집은 여전히 매물로 내놓고 있었고, 언제 이사해야 할지 몰랐다. 1년을 보장할 수 없다는 말에 아쉬웠지만 이사를 결정했다. 보통 월세 계약 기간이 1년인데 중간에 이사를 나갔으면 집을 못 구할 뻔하기도 했다.

이사를 앞두고 집 상태를 원래대로 유지해야 했기에 청소에 심혈을 기울였다. 보증금에서 청소비를 과하게 떼갈까 봐 걱정했지만, 깔끔하게 정리한 덕분에 전액을 돌려받을 수 있었다.

두 번째 집, 예측하지 못한 변수들

첫 번째 집 경험을 바탕으로, 이번에는 신중하게 집을 구하기로 했다. 무엇보다 집주인과 직접 계약하는 대신 부동산을 통해 계약하고 싶었다. 수리가 필요할 때마다 연락이 어렵고, 급하지 않다는 이유로 미루는 일이 많았기 때문이다.

한인 인터넷 카페에서 한인 부동산 중개사가 올린 매물을 찾았다. 작지만 원하는 조건을 거의 다 갖춘 집이었다. 우리나라 원룸과 같은 스튜디오였다. 마룻바닥, 집안에 세탁기와 건조기, 에어컨이 있었다. 게다가 수영장 시설도 갖춘 콘도였다. 월세까지 저렴했다.

이사업체를 예약하고 날짜까지 잡았는데, 갑작스럽게 휴직 연장으로 한국에 다녀와야 하는 상황이 생겼다. 할 수 없이 이삿짐을 부동산과 지인에게 부탁했다.

이삿날, 걱정한 대로 새벽부터 지인에게서 전화가 걸려 왔다. 이사업체가 주인집에 있던 집기까지 다 가져와 되돌려 놓느라 시간을 허비했고, 이사 갈 집 엘리베이터 예약이 안 되어 있어 당일 입주도 불가능했다. 그래서 짐을 모두 지인 창고에 가져가 보관했다가, 다음 날 다시 옮기는 해프닝까지 벌어졌다.

하와이로 돌아온 날은 이삿짐이 들어가고 나서 약 2주 뒤였다. 그 날따라 비가 쏟아졌다. 좁은 집에 가득 찬 짐을 보며 뭔가 찜찜한 기분이 들었다. 그리고 곧 이유를 알게 되었다.

어느 날 싱크대에서 물이 역류하기 시작했다. 곧 싱크대를 넘어 쏟아질 기세였다. 부동산에 연락했지만, 밤이라 당장 수리가 불가능하다는 답변이 돌아왔다. 배관이 연결된 옆집도 같은 문제로 욕조에서 설거지를 하고 있었다. 오래된 배관이 문제였다. 공사를 마친 며칠 뒤 우리 집 바닥에 물이 스며들었다. 마룻바닥이 들뜨고, 양말에 시커먼 물이 베어들었다. 축축한 습기와 곰팡이 냄새가 감돌았다.

이 집에 더 이상 머물 수 없었다. 부동산에 나가겠다고 했더니, 처음에는 안된다고 했다. 하지만 장문의 이메일을 보내고, 사진을 첨부하며 아이들 건강 문제를 이유로 강경하게 나갔다. 결국 보증금은 돌려받고 이사를 나왔다. 이사비와 이미 낸 월세는 돌려받지 못했지만 싸울 에너지도 남아 있지 않았다. 묘지가 내려다보이는 우중충한 꼭대기 작은 집, 빨리 떠나고 싶었다.

세 번째 집, 운명 같은 선택

세 번째 집 이사도 쉽지 않았다. 엘리베이터 교체 공사로 6층까지 짐을 들고 옮겨야 했다. 하지만 이번 이사는 행운이었다.

새로 이사한 집은 아이들 학교에서 도보 2~3분 거리에 있었다. 방 하나와 거실이 분리된 원베드룸이었고, 내부에 세탁기와 건조기가 있었다. 마룻바닥과 싱크대, 욕실 가구까지 모두 리모델링해서 깨끗했다. 에어컨과 콘도 내 수영장은 없었지만 완벽했다.

무엇보다 월세가 비슷했던 두 번째 집보다 더 큰 집이었다. 서향이라 덥지 않을까 걱정했지만, 집 안으로 항상 시원한 바람이 불어와 에어컨 없이도 쾌적했다. 1, 2월에는 바람이 세서 오히려 내복을 입고 잘 정도였다. 부동산 관리도 체계적이라, 세면대 고장부터 냉장고 문제까지 연락하면 바로 수리해 주었다. 건물 매니저도 친절해서, 이사하는 날 같이 짐을 들어주기도 했다.

집도 인연이다

하와이에서 1년 2개월 동안 세 군데 집으로 이사를 하며 몸과 마음이 지쳤지만, 마지막 집은 축복이었다. 이 집이 아니었다면, 코로나 시기를 버티지 못하고 한국으로 돌아갔을지도 모른다.

시간이 지나서 깨달았다. 집도 결국 인연이고, 정성을 들이면 나를 맞아줄 좋은 집이 나타난다는 것을.

운전면허증 받기가 이렇게 어려울 줄이야
하와이에서 운전면허증 받기, 끝없는 인내의 시간

"하... 하... 하..."

디즈니 애니메이션 주토피아 나무늘보 캐릭터가 떠올랐다. 이름은 '플래시'. 아이러니하게 '섬광'이라는 뜻이다. 하지만 그는 이름값을 하지 못하는 캐릭터다. 웃는 속도조차 느리다. 차량국^{DMV, Department of Motor Vehicles} 직원 플래시는 말도 한 마디씩 천천히 한다. 업무 속도는 더 느리다. 주인공 주디가 다급한 상황에서 차량번호 조회를 원했는데 하루가 걸렸다. 오죽하면 DMV 업무를 이렇게 풍자했을까.

끝없는 기다림의 연속

하와이에서 가장 힘들었던 경험 중 하나는 바로 DMV에서 운전면허증을 발급받는 일이었다. 2016년 8월 24일부터 한국 운전면허증이 있으면 별도의 시험 없이 하와이주 면허증을 받을 수 있게 되었지만, 현실은 그리 간단하지 않았다.

처음 DMV에 방문한 날은 오전 11시경이었다. 오래 기다릴 각오로 들어섰는데 생각보다 한산했다. 안심하며 두리번거리는데 입구에 있던 직원이 오늘 접수는 마감되었으며, 내일 다시 오거나 예약을 하라고 했다.

직원은 입구 왼편에 있는 접수 기계를 가리켰다. 예약 가능 날짜를 확인해 보니 두 달 뒤였다. 그렇게 오래 기다릴 수 없었다.

다음날, 아침 7시 20분에 DMV에 재방문했다. 전날과 다른 분위기였다. 벌써 많은 사람들이 의자에 앉아 기다리고 있었다. 대기표를 보니 예상 시간은 8시 19분. '한 시간 정도면 되겠지.'하고 여유롭게 아침을 먹고 돌아왔는데, 번호는 거의 줄어들지 않았다. 예약자가 우선이었고, 당일 접수자는 그 빈자리를 기다려야 했다. 두 시간이 지나서야 겨우 직원과 만날 수 있었다.

또 다른 벽, 시스템과의 싸움

운전면허증은 두 가지 종류가 있었다. 그 중 하나는 운전면허증으로만 사용할 수 있고 신분증으로 사용할 수 없었다. 신분증인 운전면허증이 필요했는데, 신청하려면 학생비자 시작일 이후에 가능했다. 수업 시작일 이전에 입국했기에 시스템에는 아직 내 비자 정보가 등록되지 않았다며 다시 방문하라고 했다.

수업 첫날, 끝나자마자 DMV에 방문했다. 세 번째였다. 이번엔 기다리지 않기 위해 철저하게 작전을 짰다. 신랑이 먼저 가서 대기표를 받고, 나는 학교를 마치고 바로 합류했다. 드디어 해결될 줄 알았지만, 또 다른 문제가 발생했다.

"비자 시작일은 오늘이 맞지만 정보가 아직 시스템에 입력되지 않았습니다. 다음 주 월요일에 다시 오세요."

네 번째 방문에도 비자 정보가 뜨지 않았다. 학교 사무실에서 비자 정보를 입력해야 DMV에서 확인할 수 있다는 것이다. 학기가 시작했는데 아직 비자 정보 입력이 안 되었다니. 다음날 학교 행정실에 찾아갔더니 학생들의 반 배정과 이의 접수가 끝난 후에야 입력이 가능하다고 했다. 결국 DMV를 다섯 번 방문 했다.

마침내 손에 쥔 면허증

신랑이 한국으로 출국하기 하루 전, 마지막으로 DMV에 방문했다. 이번에는 꼭 성공해야 했다. 학교 사무실에서 입력을 했다고 들었어도 불안했다. 혹시 또 다른 문제가 있으면 곤란했다. 하지만 다행히 모든 절차가 순조롭게 진행되었고, 드디어 임시 운전면허증을 발급받았다.

"6주 뒤에 정식 플라스틱 면허증이 집으로 도착할 거예요. 고생하셨어요. 축하합니다."

처음 만났던 직원이 나를 기억하고 축하 인사를 건넸다. 돌려받은 한국 운전면허증에 이유를 알 수 없는 구멍이 뚫려 있었다. 내 마음도 구멍이 난 것 같았지만 드디어 해냈다.

나무늘보가 아니라 시스템

실제로 미국 DMV 직원들이 나무늘보처럼 느린 것은 아니었다. 그들은 아침 일찍 출근해 바쁘게 일하고 있었다. 문제는 시스템이었다. 업무량이 많고 절차가 복잡해 속도가 더딜 수밖에 없었던 것이다. 새삼 우리나라의 빠르고 정확한 행정 시스템이 감사했다.

이 경험을 통해 철저한 준비가 중요하다는 사실을 다시 한번 깨달았다. 이후부터 매사에 꼼꼼히 확인했다. 이왕이면 예약 시스템을 활용하고, 필요한 서류를 해당 홈페이지에서 미리 점검했다.

인내심도 필수였다. 하지만 결국 원하는 결과를 얻었고, 그 과정에서 현지 행정 시스템에 대한 이해도 깊어졌다. 이번 경험 덕분에 다음부터 더욱 유연하게 대처할 수 있었다.

신랑이 한국으로 떠난 후, 잊고 있을 때쯤 플라스틱 면허증이 도착했다. 나 혼자 맥주 한 캔을 마시며 쓸쓸히 자축했다.

'이거 하나 받으려고 그렇게 고생했나?'

그래도 하와이 삶에 조금씩 적응하고 있었다. 앞으로 또 다른 난관이 와도 하나씩 해결하면 된다는 용기가 생겼다.

어디서 장을 볼까?
하와이 장보기 루틴 완전 정복

"뭐? 월마트에 고기를 안 판다고?"

하와이에 처음 정착할 때 월마트에 자주 들렀다. 우리나라 이마트와 닮은 것 같아 금방 익숙해졌고, 아이들 문구류나 간단한 생활용품이 저렴했다.

그런데 어느 날, 고기를 사러 갔다가 충격을 받았다. 식료품 코너에 냉장고는 많지만, 내가 찾는 생고기는 없었다. 직원에게 물으니 월마트에서는 고기를 팔지 않는다고 했다. 냉장고에는 인스턴트 가공식품이 대부분이었다. 고기를 사려면 어디로 가야 할지 난감했다.

하와이에서 장 보려면 5곳은 기본

하와이에서 장 보는 일은 하나의 도전이었다. 물건 이름이 모두 영어라 찾는 물건이 한눈에 들어오지 않았다. 보물찾기처럼 세심하게 찾았다. 그래도 못 찾을 때 번역기를 돌려 직원에게 물어보면 번역이 이상한지 이해를 못 할 때도 있었다. 사진을 보여주면 이해를 하거나 그나마 없을 때도 많았다.

특히, 우리나라 대형마트처럼 한 곳에서 모두 해결할 수 없는 점은 적응하기 어려웠다. 현지 친구들은 적어도 다섯 곳은 들러 장을 봤다. 회원제로 운영하는 샘스클럽과 코스트코에서는 대량으로 저렴하게 구매했고, 한인마트인 팔라마 슈퍼나 일본 마트인 돈키호테에서는 한국과 일본식 재료를 구할 수 있었다. 게다가 같은 마트라도 지점마다 취급하는 물건이 달랐다. 처음에는 그 과정이 복잡하고 부담스러웠지만, 점점 익숙해지면서 나만의 쇼핑 루틴이 생겼다.

코스트코 vs. 샘스클럽, 어디가 더 좋을까?

하와이에서 자주 갔던 곳은 코스트코였다. 특히 한국보다 저렴한 소고기와 돼지고기를 부위별로 사기에 유용했다. 한국산 간고등어나 유기농 달걀, 두부도 구할 수 있고, 통마늘 한 망을 껍질 까서 냉동실에 두면 안심이었다. 아보카도, 양파, 해산물, 새우튀김, 일본 우동면도 저렴해 필수 쇼핑 품목이었다. 할인할 때 아이들 과자, 화장지, 화장품, 스팸도 쟁여두었다.

샘스클럽은 집에서 더 가까웠지만, 연회비가 코스트코보다 비싸서 가입하지 않았다. 대신 친구를 따라 가끔 방문했는데, 공산품은 샘스클럽이 더 저렴하다는 의견이었다. 채소도 신선했고, 육류 맛이 더 낫다고 하는 사람도 있었다. 특히 한국 요리에 필수적인 파는 하와이에서 가격이 비쌌는데, 샘스클럽에서 가장 저렴하고 신선해서 자주 구매했다.

이 두 곳은 주유소도 운영했는데, 갤런(약 3.785리터)당 1달러 이상 차이가 날 때도 있어 긴 대기 줄을 감수하고 기름을 넣었다. 코스트코에서 주유하고 장을 보고 돌아오면 한동안 든든했다.

한국 마트와 일본 마트, 그리고 로컬 슈퍼마켓

집에서 가까운 한인마트 팔라마 슈퍼는 한국 음식을 그리워하는 사람들에게 보물창고 같은 곳이었다. 금요일마다 세일 품목이 바뀌는데, 나는 늘 할인하는 물건 위주로 장을 봤다. 떡볶이, 라면, 사골곰탕, 국수 등 한국 요리에 필요한 재료 대부분 여기서 해결했다. 아주 가끔 아이들이 너무 먹고 싶어 하면 세일하지 않는 과자나 낙지볶음 같은 소소한 사치를 부리기도 했다. 한국 마트가 있다는 것만으로도 위안이 되었다.

일본 마트 돈키호테에도 자주 갔다. 특히 주말에 밥하기 싫을 때 도시락을 사러 갔다. 아침 시간에는 밥하기 힘든 어르신들로 붐볐다. 일본 마트답게 해산물 종류도 다양했지만, 가격이 비싸 쉽게 사지는 못했다. 대신 가끔 세일 하는 세정제나 커피를 발견하는 재미가 있었다.

그 외 홀푸즈는 유기농과 건강식품이 주를 이루어 가격이 부담스러웠지만, 가끔 저렴한 상품이 눈길을 끌었다. 식료품뿐 아니라 화장품이나 샴푸 등 좋은 물건을 사는 사람들로 북적였다. 타겟은 월마트보다 공산품 품질이 좋고 색깔이나 모양도 세련되었다. 신학기 시즌에는 학생을 위해 가구나 학용품을 저렴하게 판매했다.

하와이에만 있는 지역 슈퍼마켓도 여러 곳 있었다. 타임즈에서는 급할 때 채소나 달걀을 소량 구매했다. 할인하는 아이스크림 사는 재미도 있었다. 금요일마다 세일을 많이 하는 세이프웨이에서는 전단지에서 미리 할인 품목을 골라두었다. 특히 5달러 치킨텐더를 기다렸다.

하와이에서 체리 피커가 되다

나는 일주일에 한 번 한인마트 팔라마 슈퍼에 가고, 격주로 코스트코에 들렀다. 바쁠 때는 집 근처 슈퍼에서 해결했다. 한국에서는 장보기가 시간 낭비 같았는데, 하와이에서 마트별 특성을 알게 되니 체리 피커 cherry picker, 세일하는 품목만 골라 사는 사람가 되어 재미가 쏠쏠했다.

처음에는 막막했던 하와이의 장보기 문화. 하지만 여러 곳을 다녀야 하는 불편함도 익숙해지니 장점이 되었다. 물건을 찾기 위해 스마트폰 번역기를 돌리고, 직원에게 사진을 보여주던 시절을 지나, 이제는 어디에서 무엇을 사야 할지 감이 잡혔다. 우리나라처럼 한 곳에서 모든 걸 해결할 순 없지만, 대신 다양한 마트를 돌아다니며 최적의 쇼핑 루틴을 찾는 과정이 하나의 즐거움이 되었다. 장 보는 재미로 하와이 삶이 더 풍성해졌다.

때론 현지인처럼, 때론 관광객처럼
일상이 여행

"바다로 나가자!"

공부하다 벌떡 일어났다. 하와이에 살면서도 즐길 여유 없이 책상에만 앉아 있다니. 수영복과 비치타월, 선크림과 간식을 챙겨 차에 올랐다.

새 학기가 시작되었다. 공부와 숙제, 시험이 쏟아졌다. 엄마는 정신이 없고, 아이들은 한국에서도 안 하던 컴퓨터와 휴대폰에 빠졌다. 숙제와 시험이 아이들보다 중요한 것도 아니었다. 하와이에 살면서도 한국처럼 바쁘게 살다니, 갑자기 답답했다.

문밖을 나서니 전혀 다른 세상이 펼쳐졌다. 집에서는 움직이지도 않고 춥다고 가디건을 껴입었는데 밖은 따뜻했다. 온화한 공기가 기다렸다는 듯 온몸을 감쌌다. 넓고 파란 하늘과 눈부신 뭉게구름을 바라보며 심호흡을 했다. 아이들도 신이 나서 재잘거렸다.

현지인이 사랑하는 해변

집에서 10분 거리에 있는 알라모아나 해변에 도착했다. 와이키키와 달리 관광객이 붐비지 않아 현지인이 좋아하는 곳이다. 멀리 서핑하는 사람들, 부기보드를 타며 노는 아이들, 잔디밭에서 요가와 근력 운동을 하는 사람들. 모두가 여유로웠고, 얼굴에는 미소가 가득했다.

탁 트인 바다를 바라보니 내 마음도 편안해졌다. 바다는 언제나 그 자리에서 같은 모습으로 기다리고 있었다. 아이들은 망설임 없이 바다로 뛰어들었다. 집에서는 그렇게 싸우던 녀석들이 바다에서는 한없이 행복했다. 나는 파라솔을 펼치고 돗자리를 반듯하게 깔았다. 그 위에 드러누우니 뜨거운 모래가 찜질하듯 허리를 감싸며 긴장을 풀어주었다. 편안한 한숨이 저절로 흘러 나왔다.

내려놓기 연습

멀리서 뛰어노는 아이들 소리와 파도 소리를 들으니 비로소 돌아볼 여유가 생겼다. 하와이에 살면서도 여전히 조급했다. 영어가 서툴다고 기죽고, 젊은 유학생들을 보며 조바심이 났다. 육아와 살림은 끝없는 숙제 같았다. 하지만 생각해 보면 누구도 나에게 그렇게 살라고 강요한 적은 없었다.

'괜찮아. 영어 좀 못하면 어때? 못해서 배우러 왔잖아. 아이들 밥 챙기느라 힘들지? 사 먹어도 되고, 가끔 라면을 먹어도 돼. 한번쯤 게을러도 괜찮아. 하와이에서는 조금 느슨하게 살아보자.'

바다는 불안을 씻어주듯 잔잔히 밀려왔다. 내려놓는 연습이 필요했다. 하와이 사람들처럼 여유롭게, 조급해 말고 즐기기로 했다. 따뜻한 모래에 누워 책도 보고 눈 감고 노래도 들었다. 한동안 떠오르던 부정적이고 우울한 감정들이 달아나고, 감사한 마음이 일어났다.

여행자가 되는 순간

바다에서 실컷 놀고 나온 아이들이 배가 고프다고 했다.
"오랜만에 와이키키로 갈까?"

와이키키에는 번잡해서 잘 가지 않지만, 때로는 관광객처럼 즐기고 싶었다.

우리는 알라모아나 쇼핑센터에서 와이키키로 가는 핑크 트롤리를 탔다. 제휴 신용카드를 보여주고 공짜로 이용했다. 버스 2층 맨 앞자리를 놓칠 새라 뛰어 올라갔다. 사방이 탁 트인 풍경을 바라보니 여행자가 된 기분이었다.

쉐라톤 호텔 근처에 내려 서핑보드가 줄지어 있는 골목을 지나 해변으로 향했다. 알라모아나 해변보다 활기가 넘쳤다. 모래 위에 수건을 깔고 그 위에 앉았다. 간식을 먹으며 사람들을 구경했다. 멀리 파란 돛을 단 요트 한 척이 관광객들을 모으고 있었다. 근육질의 긴 금발머리 선장은 마치 영화 속 주인공 같았다. 그는 맨손으로 큰 요트를 바다로 밀어내고, 힘차게 도약해 요트 위로 올라탔다. 그 모습이 성서에 나오는 삼손 같기도 하고, 마블 영화의 토르 같기도 했다.

아이들에게 말했다.

"아빠가 오면 우리도 저 요트 타보자!"

일상이 여행이 되고, 여행이 일상이 되다

아무리 천국 같은 하와이라도, 일상에 파묻히면 지치고 답답할 때가 있었다. 그럴 때마다 아이들과 짧은 여행을 떠났다. 트롤리를 타고 북적이는 와이키키를 한 바퀴 돌거나, 해변을 따라 부촌을 구경했다. 배우 이영애가 결혼했다는 카할라 호텔에 가서 돌고래와 거북이를 보고, 2층 레스토랑에서 애프터눈 티 세트를 즐기는 날이면 고급 관광이 따로 없었다.

휴일이면 섬 북쪽, 서핑의 성지 노스쇼어로 향했다. 레인보우 브리지에서 물속으로 뛰어드는 사람들을 구경하며 시간 가는 줄 몰랐고, 와이키키보다 더 황홀한 노을이 지는 선셋 해변에서 하루를 마무리하며 집으로 돌아왔다.

이곳에서는 여행이 일상이 되고, 일상이 여행이 되었다. 그 덕분에 힘든 날도 견뎠다. 짧은 여행으로 에너지를 충전하며, 하와이에서의 삶을 아이들과 즐길 수 있었다.

일상이 여행

사라진 자동차, 사라진 205달러
주차위반 교훈과 팁

사라진 자동차

어느 날 아침, 친구가 새파랗게 질린 얼굴로 뛰어 들어왔다.

"차가 없어!"

잠이 덜 깬 채로 나가 보니, 정말 차가 없었다.

하와이에 살면서 충격적인 순간 중 하나였다. 우리 집 콘도에는 방문객 주차 공간이 5개 있었는데, 밤 12시부터 아침 7시까지는 반드시 비워야 하는 규정이 있었다. 친구가 놀러 온 그날, 유난히 한국에 있는 신랑이 "주차 조심하라"고 경고했다. 하지만, 설마 하는 안일한 생각이 문제였다.

우리는 늦게까지 맥주를 마시며 수다를 떨었다. 그래도 문득 생각이 날 때마다 차를 옮기라고 몇 번 말했다. 취기가 올라 귀찮아진 친구는 그대로 잠들어 버렸다. 나도 우리나라에서는 단속 전에 방송도 해 주고, 관리실에서 연락도 주니까 하와이도 그러겠거니 했다. 혹시 몰라 차 앞 유리에 우리 집 호실과 전화번호까지 적어 두었으니, 문제가 생기면 연락이 오겠지 하는 안일한 기대도 있었다.

그런데 다음 날 아침, 친구의 차는 온데간데없이 사라졌다. 우리는 순간 멘붕 상태에 빠졌다. 혹시 누가 훔쳐 간 건 아닐까? 주변을 둘러보았지만 어디에도 흔적이 없었다. 더욱 황당한 건, '이곳으로 견인됨'이라는 안내 쪽지조차 없었다는 점이다. 차가 증발한 것처럼 사라져 버렸다.

초조한 마음으로 콘도 매니저를 찾아갔다. 하지만 매니저는 "견인될 때 연락을 주는 시스템이 아니다"라고 단호하게 말했다. 매니저는 주차 관리를 하지 않으며, 견인업체가 불법 주차 차량을 찾아내 사냥하듯 견인해 간다는 것이다. 그제야 건물 벽에 오래전부터 붙어 있던 작은 플라스틱 안내판을 발견했다. 거기에는 작은 글씨로 견인업체의 전화번호와 위치가 적혀 있었다. 평소엔 눈길조차 주지 않았던 안내판이었다. 중요한 정보였지만 눈여겨 본 적이 없었다.

우리는 급하게 견인업체로 향했다. 공항 근처 외진 곳에 위치한 견인업체는 높은 철문으로 단단히 차단되어 있었다. 안쪽을 들여다보니 친구의 차가 보였다. 안도감도 잠시, 돈 문제가 남아 있었다. 견인비는 무려 205달러.

신용카드를 내밀었지만, 직원은 무표정한 얼굴로 "현금만 받는다"며 근처 현금자동입출금기를 가리켰다. 선택의 여지가 없었다. 돈을 건네자 직원은 무표정한 얼굴로 차 키를 내밀었다. 차를 되찾았지만 20여만 원이 순식간에 날아가 씁쓸했다.

내 잘못은 아니라도 내 집에서 벌어진 일이라 친구에게 미안했다. 커피를 사고, 밥도 샀지만 마음이 무거웠다. 이게 끝일 줄 알았다. 그러나 몇 달 후, 나는 같은 실수를 반복하고 말았다.

같은 실수, 두 번째 견인

그 후 나는 주차 규정을 철저히 지켰다. 밤 12시 전에는 무슨 일이 있어도 차를 빼겠다고 주차에 신경을 곤두세웠다. 하지만 아무리 조심해도 또 방심한 일이 생겼다.

그날은 콘도에서 공사를 한다며 주차 공간을 비워달라고 요청했다. 나는 일단 차를 게스트 파킹에 옮겼고, '저녁 6시쯤 다시 내 자리로 옮기면 되겠지'라고 생각했다. 그러나 저녁 준비와 집안일에 정신이 팔려 그 사실을 까맣게 잊어버렸다.

새벽녘, 어딘가에서 요란한 소리가 들렸다. '청소차가 오늘따라 유난히 시끄럽네' 하고 넘겼다. 그러나 그 소리는 견인 트럭의 소리였다.

다음 날 아침, 나는 현관문을 나섰다가 텅 빈 주차자리를 보았다.

"설마…"

전에 그 친구를 급히 불러 차를 얻어 타고, 다시 공항 근처 그 견인 업체로 향했다. 이번에도 205달러. 스스로가 너무 한심하고 바보 같앉다.

자유와 책임은 한 몸

하와이에서는 교통경찰을 보기 어렵다. 단속 카메라도 드물었다. 그런데도 사람들은 정지선 앞에서 반드시 차를 멈추고, 규정을 철저히 따랐다.

한 유학생 친구는 신호등 없는 교차로에서 정지 표시를 무시했다가, 어디선가 튀어나온 경찰에게 단속되었다. 또 다른 친구는 운전 중 휴대폰을 보다가 벌금을 물었고, 어떤 친구는 차가 없는 골목길에서 진행 방향과 반대로 주차했다가 딱지를 끊겼다.

미국에서 위반은 자유지만, 그에 대한 책임도 당연히 개인의 몫이었다. 외국인이라고 예외가 없었다. 억울해도 소용없었다. 경찰에게 따지는 것은 절대 금물이었다. 총기 사용이 가능한 나라에서 경찰은 조금이라도 위협을 느끼면 발포할 수 있기 때문이었다.

하와이의 푸른 바다와 여유로운 분위기에 취하더라도 명심해야 한다. 자유로워 보이지만, 책임은 냉정하게 따르는 곳이 바로 미국 하와이다.

'설마 괜찮겠지?' 싶을 때라도 급히 생각을 바꾸어야 한다. 안 그러면 나처럼 205달러를 날리고 후회할지도 모른다.

아빠도 그립지만, 한국 음식은 더 그립다
한식이 그리운 아이들을 위한 엄마의 도전

　세계 최고의 휴양지인 만큼, 하와이에는 맛있고 다양한 음식들이 넘쳐난다. 육즙 가득한 햄버거와 스테이크는 물론이고 샐러드와 고기를 한 접시에 얹어 먹는 플레이트, 그래비 소스를 듬뿍 얹은 햄버거 패티에 달걀 프라이를 얹은 로코모코, 참치살에 채소와 소스를 얹은 포케, 스팸으로 만든 따뜻한 무스비. 관광객이라면 하루 세끼가 부족할 지경이다.

　하지만 여행자가 아닌 거주민이 되니 이야기가 달랐다. 처음에는 세계 각국의 음식을 즐길 수 있을 거라 기대했다. 하지만 며칠 지나지 않아 우리 가족은 예상치 못한 벽에 부딪혔다.

한식을 그리워하는 아이들

"엄마, 나는 우리 동네에서 먹던 삼겹살이랑 김치볶음밥이 먹고 싶어."

"나는 짬뽕!"

"엄마는 매운 족발이 그리워."

하와이에서 이렇게 빨리 한국 음식을 그리워하게 될 줄 몰랐다. 그런데 시간이 흐를수록 한식만 찾았다.

아이들은 현지 음식에 적응하지 못했다. 햄버거, 피자, 치킨은 몇 번 먹고 나서 질렸다. 신나게 먹던 시리얼도 곧 쳐다보지 않았다. 빵을 좋아하던 둘째조차 "이제 빵 안 먹을래"라고 할 정도였다. 스테이크는 질기고, 일본 라멘은 짜며, 튀긴 음식은 느끼하다고 투덜댔다.

안 그래도 낯선 환경에 적응하느라 힘들 텐데 밥도 먹는 둥 마는 둥 했다. 아이들은 라면과 김치, 스팸만 찾았다. 밥심이 필요했다.

한인식당은 비싸고, 엄마의 요리는 부족하고

하와이에 한인식당이 있긴 했다. 분식집, 고깃집, 중국집, 핫도그집 등 다양한 한식당이 있었다. 하지만 가격이 만만치 않았다.

싼 칼국수 한 그릇이 10달러(2019년 기준), 삼겹살 2인분과 된장찌개를 시켰더니 100달러가 나왔다. 여기에 15~20%의 팁까지 추가해야 했다. 일주일에 한두 번 정도는 외식으로 향수병을 달랠 수 있었지만, 자주 가기에 부담스러웠다.

요리가 어설픈 엄마지만 해야 할 때가 왔다.

현지 재료로 한식 만들기

한식 요리를 제대로 해보려고 했을 때, 가장 큰 문제는 재료였다. 한국에서는 쉽게 살 수 있는 재료들이 하와이에서는 찾기 어려웠다. 한인 마트가 있긴 했지만 가격이 비쌌고, 코스트코에서는 원하는 재료 구하기가 힘들었다.

먼저 고기 부위 이름부터 검색하기 시작했다. 코스트코에서 판매하는 고기 중 한식 요리에 적합한 부위를 찾기 위해 영어 명칭을 외우고 비교해 보았다. 100% 같은 부위는 아니었지만, 비슷한 부위라도 활용하면 익숙한 맛을 낼 수 있었다.

그러다 '망치Maangchi'라는 유튜버를 알게 되었다. 미국에서 활동하는 한식 요리 유튜버였는데, 미국에서도 쉽게 구할 수 있는 재료로 한식을 만드는 방법을 알려주었다. 외국 사람들도 따라 할 수 있게 쉽게 설명했다. 김치찌개, 불고기, 스테이크, 심지어 족발까지 만드는 영상이 있었다. 쉬운 것부터 따라 하기 시작했다.

코로나 시기에 외식이 어려워지자 많은 요리 유튜버들이 등장했다. 수많은 요리 선생님이 생긴 것이다. 그만큼 따라할 수 있는 요리가 늘었다.

탕수육, 짬뽕, 짜장면, 치즈 불닭, 허니버터 치킨, 매운 돈가스, 꽈배기 도넛, 마라탕! 배달로만 시켜 먹던 요리가 내 손에서 만들어졌다. 못 만들 요리가 없고 실력도 늘었다. 식탁이 풍요로웠고 향수병도 찾아들었다.

한식의 힘

한식을 꾸준히 만들어 먹으니 아이들에게도 변화가 생겼다.

무엇보다 아이들 건강이 눈에 띄게 좋아졌다. 처음에는 마르고 기운이 없던 아이들이 점점 생기를 되찾았다. 키도 눈에 띄게 자랐다. 신랑이 사진을 보고 "애들이 갑자기 왜 이렇게 컸어?"라며 놀랄 정도였다.

음식을 통해 얻은 변화는 단순히 건강만이 아니었다. 우리 가족의 분위기도 달라졌다. 예전에는 바쁜 일상 속에서 아이들에게 음식을 해주는 것이 힘든 일이었다. 피곤하다는 이유로 배달 음식을 시키거나 간단한 요리로 대충 해결하는 일이 많았다. 하지만 직접 요리를 하면서, 집밥이 아이들에게 주는 안정감과 행복을 실감했다.

요리를 하는 시간은 즐거웠다. 아이들도 도와주며 엄마와 함께하는 시간을 보냈다. "오늘은 뭐 해줄 거야?"라고 기대하는 아이들의 모습을 보며, 밥 하는 일이 단순한 노동이 아니라 사랑을 전하는 과정이라는 걸 깨달았다.

하와이에서 찾은 집밥의 의미

나는 더 이상 요리를 잘 못하는 엄마가 아니었다. 내가 만든 음식을 맛있게 먹는 아이들의 모습을 보며 자신감을 얻었고, 요리에 대한 흥미도 생겼다. 무엇보다 내가 만든 음식으로 가족이 행복해지는 순간이 많아졌다.

언젠가 아이들이 자라서 독립하더라도, "엄마 밥이 먹고 싶어"라고 말하는 순간이 오기를 바란다. 그때도 기쁜 마음으로 따뜻한 집밥을 준비해야지.

제 3 장

이 나이에 공부를 한다고

늦었다고? 아니, 지금이 시작하기 딱 좋은 나이야
도전은 현재 진행형

배수구에 쌓인 머리카락이 한 움큼이었다.
'매일 이렇게 빠지면 금방 대머리가 되겠네.'

영어 공부가 이렇게 힘들 줄이야. 실력은 늘지 않고 애꿎은 머리카락만 줄었다. 빠진 머리카락만큼 영어 실력이 늘면 좋을 텐데, 그럴 기미는 전혀 보이지 않았다. 강렬한 태양 빛에 새카매진 얼굴에도 주름이 늘었다. 나이 들어 공부하다니 노화만 앞당기는 건 아닐까, 불안했다.

수업은 하루 4시간. 직장에서 하루 꼬박 일했는데 그 정도면 거저먹기인 줄 알았다. 하지만 착각이었다.

오리엔테이션 첫날부터 당황했다. 다른 학생들은 고개를 끄덕이며 이해하는 것처럼 보였다. 나는 무슨 말인지 알아듣지 못해 혼자서 허둥댔다. 마칠 때가 되니 다리가 후들거렸다.

수업 강도는 점점 더 세졌다. 4시간 수업이 끝나면 체력이 방전되었다. 숙제도 적지 않았다. 영어 공부에 하루 8시간 이상을 투자했다. 직장에서 일할 때보다 더 힘들었다.

젊음이 부러워

함께 공부하는 친구들은 대부분 나보다 한참 어렸다. 거짓말 조금 보태서 딸, 아들뻘이었다. 젊은 친구들은 영어 실력이 금방 늘었다. 처음엔 나보다 못하던 친구들도 몇 달 지나니 더 잘했다. 나는 밤새도록 숙제했는데, 그들은 수업 시작 몇 분 전에 끝내버렸다. 밤새 놀아도 수업을 따라가는 그들의 체력과 기억력이 부러웠다.

그들은 외국인 친구들과 인스타그램을 통해 금방 친해졌다. 여행도 같이 다니고, 쉬는 날이면 어울려 놀았다. 나도 덕분에 인스타그램을 만들었다. 내 소식을 올릴 일은 없었지만, 젊음이 빛나는 그들의 일상을 지켜볼 수 있었다.

하지만 마냥 부러워할 수만은 없었다. 나이 때문에 뒤처지는 건 더 싫었다. 딸들이 깨어 있는 동안에는 집중할 수 없어, 재우고 나서야 책상 앞에 앉았다. 숙제를 하다 보면 어느새 자정을 넘겼다. 놀면서 공부할 줄 알았는데, 착각이었다.

영어 공부가 이렇게 어려울 줄이야

평소 책 읽기를 좋아했다. 쉬운 책은 두어 시간 만에 읽어 치웠다. 하지만 영어는 달랐다. 한 문장을 읽는 데도 한참이 걸렸다. 겨우 이해한 문장을 다시 읽으면 또 헷갈렸다.

말하기와 쓰기는 더 어려웠다. 자신 있던 문법 시간에도 제시된 문법을 적용해서 말로 표현해야 했다. 발표 시간에는 긴 내용을 기억하는 것도 어려웠다. '절대로 외우거나 보지 말라'는 시험 규칙 탓에, 머릿속이 하얘졌다. 발표 도중 실수를 할까 봐 외우고 또 외웠다.

포기할 수도 없었다. 신랑에게 힘들다고 말할 수도 없었다. 하소연이 호강으로 들릴 것 같았다. 해외까지 나가야 하냐며 반대했던 그였다. "내가 뭐랬냐?"는 말이 돌아올까 봐, 오기로 참았다.

나이 들어 하는 공부의 장점

나보다 나이 많은 학생들도 있었다. 은퇴 후 공부하러 온 일본 할머니, 할아버지도 계셨다. 그중에서도 안과 의사였던 레이코 할머니는 누구보다 열심이었다. 그녀는 나를 보며 말했다.

"제니, 네 나이가 부러워. 그 나이라면 뭐든 할 수 있어."

레이코 할머니를 보면서 힘을 냈다.

시간이 지나보니 나이 들어 시작하는 공부에도 장점이 있었다.

우선 쉽게 포기하지 않았다. 체력은 떨어져도 버티는 힘이 강했다. 될 때까지 앉아 있었다. 시험과 숙제도 최선을 다했다. 포기하지 않앉을 뿐인데 성적은 늘 90점 이상이었다.

그리고 직장을 준비하는 대학생들보다는 부담이 적었다. 그들은 토익까지 준비하며 취업 걱정을 했다. 젊음이 부럽다고 했더니, 그들은 안정적인 내 생활이 부럽다고 했다. 스무 살 대학생들과 친구로 지내다 보니 내 나이도 잊었다.

"제니는 참 편해요. 사회에서 만났다면 이렇게 친해질 수 없었을 거예요."

영화배우를 꿈꾸던 친구의 말이 고마웠다. 나보다 스무 살이나 어린 세대에게 인정받는 느낌. 하와이에서는 스무 살이든, 마흔 살이든 친구가 되었다.

늦었다고 생각할 때가 가장 빠른 때

한국에 돌아오자, 친구들이 가장 많이 하는 말이 "우리 이제 나이가 너무 많아."였다. 하와이에서 4년을 살면서 나이를 잊고 살았는데, 갑자기 나이를 강요받는 느낌이었다. 그 말을 듣자 안 아프던 허리도 아프고, 관절도 뻣뻣해지는 것 같았다.

하와이에서 나이는 숫자에 불과하다는 것을 배웠다. 오히려 나이 들어 시작하는 도전을 더 응원했다. 하와이에는 나이 많은 바리스타나 서빙하는 분들도 당당하고 멋졌다.

친구들에게 말했다.

"하와이에서는 일흔 넘은 분들도 당당하게 새로운 도전을 하더라. 아직 오십도 안 된 우리는 늦었다고 할 수 없지."

지금이 가장 왕성한 나이다. 나이를 핑계 삼지 말고, 도전을 늦추지 말자. 지금 이 순간이 우리의 가장 젊은 순간이니까.

하와이에서 깨달은 엄마의 역할
더 단단해진 우리 가족

"엄마는 왜 약속을 안 지켜?"

지각하기 싫은 첫째가 늦었다며 다그쳤다. 둘째는 아직도 밥을 먹고 있었다.

하와이에서는 서두르지 않고, 부드럽게 아이들을 깨우고, 웃으면서 하루를 시작하고 싶었다. 하지만 현실은 달랐다. 여전히 등교 시간은 전쟁이었다.

성격이 다른 두 아이

하와이 등교 시간은 오전 7시 50분. 아이들을 학교에 보내고 어학원에 가려면 시간이 빠듯했다. 성격이 전혀 다른 두 아이는 준비 속도부터 달랐다. 첫째는 늦을까 봐 벌떡 일어나 부지런히 준비를 마쳤지만, 둘째는 몇 번을 깨워도 쉽사리 눈을 뜨지 않았다. 밥맛이 없다며 천천히 먹고 느리게 움직였다. 신발을 신을 때쯤이면 큰 아이와 말다툼이 시작됐다. 결국, 걸어갈 수 있는 거리도 차로 등교했다.

엄마의 경고

매일 아침 기분 좋게 시작하고 싶었지만, 그런 날이 드물었다. 싸우는 아이들을 보면 힘이 빠졌고, 첫째가 늦었다고 화내면 내 잘못도 아닌데 억울했다. 더 이상 이렇게 살 수 없었다.

일요일 밤, 아이들에게 선언했다.

"내일은 각자 알아서 일어나. 엄마는 7시 30분에 무조건 출발할 거야. 못 일어나도 기다려주지 않을 거야."

둘째가 바다에서 친구와 늦게까지 놀아 늦잠을 잘 게 분명했기에 더 단호하게 말했다.

예고된 지각, 혼자 남은 둘째

다음 날 아침, 예상대로 첫째는 일찍 일어나 있었고, 둘째는 침대 속이었다. 깨우지 않겠다고 했지만, 신경이 쓰였다. 7시 15분에 겨우 일어난 둘째는 여전히 서두르지 않았다. 7시 30분이 되자, 나는 약속대로 문을 열고 나갔다. 그제야 둘째가 "엄마!"하고 소리쳤다. 하지만 그대로 집을 나섰다. 엘리베이터 안에서 불안이 밀려왔다.

'둘째 혼자 괜찮을까?'

하지만 첫째는 짜증을 냈다.

"엄마는 왜 약속을 안 지켜?"

동생이 혼자 남아 있는데 먼저 가겠다는 첫째의 태도도 못마땅했다. 걱정이 되서 다시 집으로 올라갔다. 둘째는 가방을 멘 채 울고 있었다. 한국에 있는 아빠에게까지 전화한 모양이었다.

"빨리 이 닦고 내려와."

학교에 도착 후 첫째를 먼저 내리게 하고 둘째를 달랬다.

"엄마가 다시 오니 고마웠지?"

걱정이 되었다고 해도 되는데 아이에게 사과하고 고마워하길 바랐다. 둘째는 화를 내며 "나 혼자 갈걸 그랬어."라며 미안한 기색이 없었다. 신호등 없는 차도를 몇 개나 건너야 하는 등굣길인데 그렇게 말하는 둘째가 괘씸했다. 혼자 나서기라도 했으면 어떡하나 가슴이 철렁하기도 했다. 화해는커녕 화만 내고 헤어졌다.

하와이에서 다시 배우는 엄마 역할

아이를 내려놓고 돌아 나오다 문득 한국에서의 아침이 떠올랐다. 출근 시간에 쫓기던 나는 아이들에게 밥만 챙겨주고 급히 집을 나섰다. 첫째는 늘 혼자 준비해 나가 버리고, 둘째는 울면서 언니를 따라갔다. 그때는 못 챙겨줘 안쓰러웠다. 하와이에서는 여유가 있는데도 여전히 아이를 재촉하고 다그쳤다. 아이들도 새로운 환경에서 나름대로 적응하느라 애쓰고 있는데, 나는 몰아세우기만 했다.

첫째 아이는 약속을 지켰는데 동생을 배려하지 못해 혼이 나고, 둘째는 열심히 준비해도 느리다고 혼이 났다. 어른인 나도 억울해하고 화부터 냈다. 미안했다. 보고 싶었다. 깨달음이 한발 늦었다.

비 온 뒤 땅이 굳는다

학교가 끝난 후 아이들은 아무 일 없었다는 듯 반가운 얼굴로 웃으며 뛰어왔다. "엄마!" 하며 두 팔 벌려 달려오는 아이들을 꼭 안아주었다. "미안해."라고 말했다.

엄마도 사람이라 마음처럼 되지 않을 때가 많다. 하지만 화내기 전에 한 번 더 생각하고, 화를 냈더라도 진심으로 사과하면 아이들은 이해했다.

하와이에서 우리는 조금씩 성장하고 있었다. 엄마도 아이들도 함께 배우고 단단해졌다.

엄마, 번아웃 오다

> 회복탄력성이란 인생의 바닥에서 바닥을 치고 올라올 수 있는 힘, 밑바닥까지 떨어져도 꿋꿋하게 되튀어오르는 비인지능력 혹은 마음의 근력을 의미한다.
>
> — 김주환 『회복탄력성』

한국에서 친하게 지내던 언니가 전화를 했다.

"에어프라이어는 필수야. 꼭 사! 얼마나 편한데."

밥하느라 고생이라며 에어프라이어를 사주겠다고 돈을 보냈다. 주말에는 복잡해서 잘 나가지 않는데, 마음이 고마워서 바로 나섰다. 주말에 요리할 일도 많으니, 바로 요리해서 언니에게 사진을 보내주고 싶었다.

주말 오전, 코스트코는 복잡했다. 장난치는 두 아이가 사람들과 부딪힐까 봐 신경이 곤두섰다. 첫째 아이는 카트를 밀겠다고 고집을 부렸다. 카트를 밀면서도 집중하지 않고 둘째와 실랑이를 했다. 그러다 카트로 내 발꿈치를 쳤다. 다른 사람들에게 폐가 될까 봐 몇 번 주의를 줬다.

그래도 장난을 치다가 다시 한번 카트로 내 발뒤꿈치를 세게 치고 말았다. 벗겨진 피부가 피멍으로 변해갔다. 순간적으로 화가 치밀었다. 아이 머리를 쥐어박고 싶은 충동이 일었지만, 미국에서는 아동학대가 큰 문제가 될 수 있기에 가까스로 참았다. 아이들도 당황하며 미안하다고 울먹였지만, 정작 울고 싶은 건 나였다.

여행이 악몽이 되다

어학원 10주 과정을 마치고 방학이 주어졌다. 학기 중에는 숙제와 공부로 아이들을 못 챙겼다는 죄책감이 들었다. 마침 아이들의 봄방학과 어학원 방학이 겹쳐 이번만큼은 아이들과 온전히 시간을 보내고 싶었다. 그래서 학기 중간에 틈틈이 미국 본토 여행을 계획했다. 졸린 눈을 비비며 하나씩 일정을 짰다.

여행은 시작부터 삐걱거렸다. 졸면서 예약했던 항공권 시간이 오전, 오후가 뒤바뀌어 있었다. 저녁 비행기로 떠났다가, 오전에 되돌아오는 일정이었다. 변경할 수도 없었다.

드디어 방학이 시작되었다. 피곤한 몸을 이끌고 비행기를 타 새벽에 LA 공항에 내렸다. 공항에서 산 도시락은 밥알이 말라 먹을 수 없을 정도였다. 숙소에 들러 짐만 내려놓고 디즈니랜드 셔틀을 탔다.

아이들도 나도 꿈에 그리던 디즈니랜드였다. 꿈같은 하루를 상상했지만, 현실은 달랐다.

아이들 장난은 끝이 없었다. 장난에서 시작해 싸움으로 끝났다. 아이들은 싸우고, 나는 화를 내고, 체력과 인내심은 한계에 달했다. '다시는 너희랑 여행오나 봐라.' 이 말만 속에서 맴돌았다. 그렇게 5일간 여행이 끝나고 남은 건 사진 몇 장과 씁쓸함뿐이었다.

무너지는 나

여행 후에도 피로는 풀리지 않았다. 일상으로 돌아왔지만, 나는 더 무기력해졌다. 여행이 주는 설렘과 기쁨이 사라진 자리에 피로와 짜증만 남았다. 아이들은 여전히 장난을 치고 싸웠다. 나는 이전보다 더 쉽게 화를 냈고, 사소한 일에도 짜증이 솟구쳤다. 내 안의 인내심이 모두 소진된 것 같았다. 아무것도 하기 싫었다. 바닥에 드러누워 꼼짝도 하지 않았다. 몸도 마음도 무기력했다. 아이들은 유튜브를 보고, 도서관에서 빌려 읽지 않는 책은 쌓여갔다.

'나는 영어도 못하고, 살림도 못하고, 아이들도 제멋대로다. 이 모든 것이 무슨 의미가 있을까?'

신랑은 혼자 떨어져 어렵게 돈을 벌고 있는데, 나는 무너지고 있었다. 해외 생활은 무리한 선택이었을까? 좋은 엄마가 되고 싶어 시작한 일이었는데, 무심코 거울을 보니 화를 내는 마녀가 서 있었다.

내가 노력하면 아이들도 변할 줄 알았다. 좋은 환경을 제공하면 아이들이 더 좋은 경험을 하고, 더 성장할 줄 알았다. 그런데 현실은 달랐다. 아이들은 여전히 장난을 치고, 싸우고, 나를 지치게 만들었다. 영어고 뭐고 당장 한국으로 돌아가고 싶었다. 위기였다.

기운을 주는 아이의 한 마디

"이번 여행이 참 좋았어!"

귀를 의심했다. 싸우고 혼나기만 했던 여행이었는데, 첫째가 여행이 좋았다고 말했다. 아이의 한 마디가 나를 멈춰 세웠다. 미처 모르고 있었는데 번아웃 상태였다. 모든 것이 무너지고 있다고 생각했지만, 아이들은 즐거운 추억으로 간직했다. 그제야 깨달았다. 나는 나쁜 엄마가 아니라, 지쳐 있었을 뿐이었다.

아이들은 나의 에너지

아이들은 콩나물 같다. 열심히 물을 줘도 다 흘려보내는 콩나물. 하지만 어느 순간 쑥쑥 성장했다. 믿어주면 되는데 가끔 어른의 생각으로 아이를 판단한다. 다행인 것은 때로 아이의 말 한마디에 정신이 차려지곤 한다는 것이다. 위로가 되는 한 마디로 방전되었던 에너지가 다시 충전되었다. 다시 좋은 엄마가 되기 위해 힘을 냈다.

'어떻게 온 하와이인데.'

아이들과의 시간은 소중했다. 완벽한 엄마가 될 필요도 없었다. 그저 아이들과 함께 웃고, 경험하고, 성장하면 되었다. 그 사실을 깨닫는 데 종종 시간이 걸렸다.

"엄마도 너희랑 여행 가서 참 좋았어."

아이들은 활짝 웃었고, 나는 그 미소로 탄력 있게 회복했다.

친구는 나의 힘

언어, 나이, 국적을 넘어선 우정 이야기

아줌마의 특별한 능력, 친화력

아줌마가 되면서 특별한 능력이 생겼다. 아이를 길러내며 살림을 하다 보니 생활력이 강해졌다. 더불어 친화력도 향상되었다. 오지랖이 넓어지고 누구와도 쉽게 말하게 되었다. 처음 보는 사람도 금방 친해질 수 있는 특별한 능력이었다.

영어라는 장벽 앞에서

외국에서 친구 사귀기가 생각만큼 쉽지 않았다. 한국에서는 나이나 비슷한 경험으로 친구가 되었다. 함께 많은 시간을 보내며 감정을 공유하고, 서로 내 편이 되어줄 때 친구가 되었다.

하지만 하와이에서는 달랐다. 개인적인 공간과 적당한 거리가 중요했다. 힘들 때 위로받고 싶었지만, 가까이 다가가면 마치 자석처럼 밀려나는 기분도 들었다.

영어에 서툰 40대 중반 아줌마의 친구들

그렇다고 넋 놓고 있을 수는 없었다. 나는 아줌마 특유의 공감 능력, 즉각적인 반응과 칭찬을 무기로 친구를 대했다. 20대처럼 넘치는 시간과 체력은 없었지만, 웬만한 일은 웃어넘기는 여유가 있었다. 누구에게 잘 보이려고 잴 필요도 없었다. 그러다 보니 나이와 언어의 장벽을 넘어 남녀노소 다양한 친구들을 사귈 수 있었다.

• 크리스의 생일 파티 초대

어학원 수업 중에 그룹 회화 시간이 있었다. 크리스는 대학생 자원봉사자였다. 그는 키 190cm의 영화배우 같은 외모를 가졌지만, 수줍음이 많았다. 도도하다고 오해를 살 만큼 말수가 적었는데, 알고 보니 섬세하고 친절한 친구였다. 나는 아줌마답게 어색한 분위기를 풀기 위해 "잘생겼다!"며 너스레를 떨었고, 덕분에 모두가 편하게 이야기할 수 있었다.

크리스는 인스타그램을 알려주며 어려운 숙제가 있으면 도와주겠다고 했다. 연락도 주고받고 같은 그룹이 될 때마다 반가워하며 이야기를 하면서 친해졌다.

어느 날, 그는 첫 번째 성년 생일이라면서 파티 초대장을 건넸다. 미국 영화에서 보던 흥청망청한 파티일지 걱정도 했지만 기우였다.

가족과 친구들이 모여 진심으로 축하했고, 아이들을 데리고 참석한 나도 어학원 친구들과 축하하는 시간을 보냈다. 미국 성년식 파티 문화도 접할 수 있는 좋은 기회였다.

• 단짝 친구, 데이빗

　어학원 단짝 친구는 데이빗이었다. 그는 군대를 다녀와 졸업을 앞두고 어학연수를 온 20대 우리나라 대학생이었다.

　한국에서 40대 아줌마와 20대 남자 대학생이 친구가 될 수 있을까? 직장 막내보다 어린 친구였다. 그러나 하와이에서는 가능했다. 나이와 성별을 초월한 우정이었다. 그 친구와 매일 아침 학교 스타벅스에서 만나 아이스 아메리카노를 마시며 숙제를 하고, 인간관계와 졸업 후 미래에 대해 이야기를 나누었다. 그 친구는 생각이 깊고 반듯했고, 나이가 많은 나도 배울 점이 많은 친구였다. 그 친구 덕분에 어학원 생활에 빠르게 적응할 수 있었다.

• 완벽해 보였던 친구, 치에

　어학원에서 가장 영어를 잘했던 일본인 친구 치에. 약사였던 그녀는 늘 차분했고, 발표도 잘했다. 날씬하고 예쁘기도 해서 완벽했다. 그래서 오히려 처음엔 다가가기 어려웠다. 그러던 어느 날, 영어가 전혀 들리지 않아 우울한 적이 있었다. 수업이 끝난 후 집으로 가던 길, 앞서 걷는 치에를 보고 용기를 내어 불러 세웠다. "커피 한잔할래?"

그녀는 흔쾌히 좋다고 했다.

"나도 그럴 때가 있어. 영어가 잘 되는 것 같다가도 갑자기 하나도 안 들릴 때가 있더라구. 자연스러운 현상이야. 제니(나)는 충분히 잘하고 있어."

그녀도 시간이 지나서야 실력이 늘었다고 했다. 그 말에 용기를 얻었다. 치에가 고마웠다.

우리는 점점 더 친해졌다. 그녀는 연애 이야기, 결혼 계획까지 나눌 정도로 가까운 친구가 되었다. 나중에 그녀의 남편이 된 사람이 나와 같은 일본어 수업을 들었다는 사실을 알고 웃음이 났다. 나와 남편이 치에에게 똑같은 숙제를 물어봤다고 했다. 세상은 좁고, 인연은 예상치 못한 곳에서 이어졌다. 일본에서 아이를 낳고 행복하게 지내는 치에와 만나기도 하면서 지금도 변함없이 연락을 주고 받고 있다.

그곳에서 만난 사람들은 하와이만큼 아름답고 따뜻했다. 그들이 있어 하와이 생활이 외롭지 않고 행복으로 가득했다. 이런 소중한 인연들이 있어, 나의 하와이 학창시절은 더욱 특별했다.

어른의 영어도 포기하지 않으면 는다
생존 영어, 눈치 영어

내 영어 실력은 기대만큼 늘지 않았다. 얼마나 오래 해야 유창해질 수 있을까? 카피올라니 대학 언어학Linguistics 강의에서 정보를 얻었다.

"이민자가 3세부터 8세 사이에 미국에 도착하면 원어민처럼 영어를 할 수 있습니다. 8세부터 15세까지 도착한 이민자도 원어민처럼 능숙해지나, 나이가 많아질수록 습득 속도가 떨어집니다. 어른은 상황과 노력, 시간, 개인의 능력에 따라 차이가 있을 수 있습니다."

"학생이라면 5년 정도 공부해야 원어민처럼 말할 수 있습니다."

나는 4년을 버텨 대학 졸업장을 받았다. 유창하지는 않았지만 처음보다 실력이 늘긴 늘었다.

두 개의 언어를 구사하는 사람들

요즘 우리나라 식당에는 외국인 종업원이 많다. 하와이에서 살아봐서인지 한국에 사는 외국인들이 남 같지 않다. 한국어를 능숙하게 구사하는 종업원을 보면 한 번 더 쳐다보게 된다. 한국어는 영어보다 배우기 어렵다고 하는데 얼마나 노력했을까 짐작해 본다.

한국어를 배워 돈까지 벌고 있으니 존경스럽기도 했다. 단순한 식당 종업원으로 보이지 않았다. 두 개의 언어를 구사하는 이중언어 사용자, 바이링구얼이었다. 하와이에서는 바이링구얼을 높이 평가했다. 어설픈 내 영어 실력만으로도 대단하다고 칭찬했다. 그래서 용기를 내어 공부를 지속할 수 있었다.

아이들은 빠르고 나는 느렸다

아이들의 영어는 빨리 늘었다. 둘째는 알파벳 b와 d도 구별하지 못했지만, 하와이에 온 지 3개월 만에 택시 기사가 "drop"이라는 단어를 썼다며 나에게 알려줬다. 정작 나는 그 단어를 듣지 못해 택시를 놓치는 줄 알았다. 입시 영어 덕분에 어려운 단어를 아이들보다 많이 알았지만, 실력 차이는 빠르게 벌어졌다.

아이들은 원어민처럼 실시간으로 듣고 대답했다. 부럽고, 솔직히 질투도 났다. 내 영어는 '이생망'(이번 생은 망했다) 같았다. 더 열심히 하면 나아질 거라 믿고 공부했지만, 오랜 시간 앉아 있느라 목과 어깨, 허리만 아팠다. 엉덩이가 아프면 누워서도 책을 봤다. 팔이 저리면 이리저리 자세를 바꾸었다. 그러다 '내가 지금 뭐 하는 건가' 싶어 책을 덮어버리기도 했다.

영어 실력의 마지막은 전화 영어

전화 영어는 더 어렵다. 표정이나 몸동작, 입술을 보며 직접 대화하는 것도 어려운데, 소리만으로 온전히 알아들어야 하는 전화 영어는 공포였다. 하지만 하와이에 살면서 전화를 할 수 밖에 없는 일이 종종 생겼다.

처음으로 자동차 보험회사에 전화할 때 지인에게 부탁하고 싶었다. 하지만 개인적인 일을 맡길 수 없었다. 필요한 영어 문장과 단어를 배워 연습 후 통화에 성공했다. 땀이 비오듯 흘렀다.

생존 영어로 실력이 늘다

하와이 생활이 예상보다 길어지면서 기피하던 전화 영어도 해야할 일이 많아졌다. 이사를 하면서 부동산에 수리 요청을 하고, 인터넷 연결 문제로 통화해야 했다.

급할 때는 전화가 최선이었다. 급하니 용기가 났다. 생존하려면 할 수밖에 없었다. 괴로운 상황에서 영어 실력이 늘었다. 두렵고 귀찮아서 피하면, 아무리 하와이에 오랫동안 살아도 영어가 늘 수 없었다.

이번 생에 도전!

비록 어른의 영어가 아이들보다 느리고 원어민처럼 되지 못할지라도 '이생망'은 아니었다. 가랑비에 옷 젖듯, 어른의 영어도 늘었다. 가끔 현지인들에게 "영어 잘하시네요!"라는 말을 들을 때면 괜히 뿌듯했다.

어른 영어의 강점도 있었다. 살아온 세월만큼 세상 돌아가는 눈치는 빠르다. 정확한 단어를 못 들어도 대충 의미를 파악할 수 있다. 이른바 '눈치 영어'다. 때로는 헛다리를 짚기도 하지만, 대체로 맥락을 이해하는 데 큰 어려움이 없었다.

영어 실력은 나이와 상관없다. 성격과도 상관없다. 누가 뭐래도 남의 말에 겁먹지 말고, 그냥 도전하면 된다. 더디게 늘고, 잘 안 들리고, 말하기 어렵지만 좌절하지 않으면 된다. 눈치와 버티기로 실력이 는다.

완벽을 바라지 말자. 원어민처럼 할 필요도 없다. 한국에서 돈 벌며 살아가는 외국인 수준의 영어만 해도 충분하다. 시간과 노력을 투자하면 영어는 반드시 는다.

그래서, 어른 영어는 '이생도'다.

이번 생에 도전!

제 4 장

하와이 학교 행복한 아이들

하와이 선생님은 감동

아이를 빛나게 하는 학교

부모라면 학군을 중요하게 여기기 마련이다. 나도 블로그 이웃들로부터 하와이 학군에 대한 질문을 자주 받았다.

하와이에도 명문 사립학교나 학군이 좋은 지역이 있다. 하지만 우리 가족은 학군을 선택할 여건이 되지 않았다. 일단 집을 먼저 구한 뒤, 그 지역의 학교가 자연스럽게 정해졌다. 등급이 낮고 규모도 작은 학교라 처음에는 큰 기대를 하지 않았다. 그러나 숨은 보석 같은 학교였다. 학교의 등급만으로 모든 것을 판단할 수 없다는 사실을 깨닫게 해 준 작고 아름다운 학교였다.

특별했던 첫 만남

학교는 겨울 방학 중이었고, 사무실에는 할머니 선생님 한 분만 계셨다. 영어가 서툰 남편과 나는 조심스럽게 등록 문의를 드렸다. 사무실 안쪽에는 서류가 산더미처럼 쌓여 있었고, 그분 혼자 행정 업무까지 처리하고 계셨다. 그런데도 짜증 한 번 없이 따뜻하고 친절하게 우리를 맞아주셨다.

"첫째 아이는 한국에서 5학년을 마쳤는데, 생년월일 때문에 여기서는 다시 5학년 2학기를 다녀야 해요. 6학년으로 입학하려면 중학교에 확인해 보셔야 합니다."

그 이야기를 듣고 하와이 초등학교가 5학년까지만 있다는 사실을 알았다. 갑자기 중학교로 보내기보다는 초등학교에서 적응하는 게 나을 것 같아 등록을 결정했다.

"아이들은 반에 한국 친구가 있는 것이 좋을까요?"

선생님은 한국 친구가 있으면 서로 도와줄 수 있다고 조언해 주셨다. 첫째 아이는 한국 친구가 없는 반을 원했고, 둘째는 있으면 좋겠다고 했다. 등록이 잘 되었고, 개학 날에 반을 알려주겠다는 말씀에 마음이 놓였다.

나중에 알고 보니, 우리가 처음 만났던 할머니는 교장 선생님이었다. 우리가 방문했던 사무실 안쪽 서류가 가득했던 방은 교장실이었다. 전혀 권위적이지 않아 짐작도 못했다. 방학 중에도 홀로 행정 업무를 처리하며 학생과 학부모를 따뜻하게 맞이하는 모습을 잊을 수 없다.

아이를 품어주는 교장 선생님

에이미 교장 선생님은 모든 학생의 얼굴과 이름을 기억하셨다. 유치원생이나 장애가 있는 아이는 더욱 사랑스러운 눈빛으로 다정하게 대했다. 아이들은 늘 선생님 주변에 모여들었다. 둘째 아이가 졸업하던 해, 선생님은 퇴직하셨다. 항상 낮은 자세로 아이들과 눈높이를 맞추던 선생님이 얼마나 아이들을 그리워할까 상상이 간다.

최고의 선생님, 미스 캐펄

둘째 아이의 담임을 두 번이나 맡은 미스 캐펄 선생님도 잊을 수 없다. 금발에 푸른 눈을 가진 그녀는 늘 밝은 미소로 학생과 학부모를 반겼다.

코로나 기간 동안, 한 학생이 온라인 출석을 거의 하지 못하고 숙제도 내지 못한 적이 있었다. 그 아이 부모조차 아이를 챙기기 어려운 상황이었다. 아이는 유급 위기에 처했지만, 선생님은 포기하지 않았다. 방과 후에도 그 아이를 따로 가르치고 숙제를 함께 했다. 결국 그 아이는 무사히 다음 학년에 올라갔다.

"거봐, 너는 할 수 있다니까!"

평소 선생님답게 밝고 따뜻한 격려를 보냈다. 아이가 자신감을 되찾은 것은 당연했다. 내 아이가 이런 선생님의 반이어서 감사했다.

코로나 속에서 더욱 빛났던 마음

코로나로 인해 선생님들도 힘든 시간을 보냈다. 갑자기 온라인 수업을 준비하고, 낯선 프로그램을 익히며, 아이들 없는 교실에서 화면을 보며 강의해야 했다.

새 학기 교재를 받으러 오랜만에 학교에 갔던 날, 마스크를 낀 선생님의 모습이 낯설었다. 하지만 마스크 뒤에서도 환한 미소가 전해졌다. 친구 엄마는 선생님의 "고생 많으시죠?"라는 한마디에 눈물이 났다고 했다. 모두가 외롭고 힘들었던 시기, 따뜻한 말 한마디가 위로가 되었다.

좋은 선생님들

학교에는 좋은 선생님이 많았다. 컴퓨터 담당 코벡 선생님은 학교뿐 아니라 동네 편의점에서도 우리를 알아보고 반갑게 인사해 주셨다. 체육 담당 미스터 티 선생님은 아이들에게 가장 인기 있는 선생님이었다. 수업 시작 한 시간 전부터 운동장에서 아이들과 뛰어놀며, 신나는 음악을 틀어 분위기를 띄웠다. 그림 실력도 뛰어나 아이들 캐리커처를 그려주셔서 아이돌을 능가할 인기쟁이였다.

학교 선생님 관련해서 특히 인상에 남았던 장면이 떠오른다. 학년 말 행사였다. 퇴직하셨던 어떤 선생님이 갑자기 등장했다. 아이들은 선생님을 발견하고 일제히 환호성을 질렀다. 한쪽 눈에 장애가 있으셨지만 늘 환한 미소를 잃지 않으셨던 그 선생님. 아이들은 선생님의 눈보다 따뜻한 마음을 기억했다. 우리 아이가 다닌 학교는 퇴직한 선생님도 다시 오고 싶은 그런 학교였다.

학군보다 중요한 것

우리에게는 좋은 학군이 아니어도 충분했다. 어차피 영어를 잘 몰라 수준 높은 수업도 의미가 없었다. 하와이 학교 생활을 단순히 영어 학습의 기회로만 보는 건 아쉬운 일이다. 성적보다 중요한 것은 아이를 사랑으로 바라보는 선생님과 친구들, 그리고 함께 배우는 과정이었다.

아침 일찍 학교에 가고 싶어 뛰어나가는 아이들, 성적이 아닌 배움의 기쁨을 알려준 선생님들, 존경할 만한 어른들이 가득했던 우리 학교. 그곳에 아이 보내길 참 잘했다.

경제활동을 배우는 초등학교 마켓 데이
학교에서 창의력과 경제 개념 배우기

둘째 아이는 한 달 전부터 마켓 데이를 준비했다. 단순히 물건을 만들어 파는 것이 아니었다. 자기 회사의 'CEO'가 되어 직접 상품을 기획하고 마케팅 전략을 세웠다.

'아이들이 좋아할 물건은 무엇일까? 어떤 자리가 가장 유리할까?'

마켓 데이에는 몇 가지 원칙이 있었다. 부모가 도와주면 반드시 그에 대한 대가를 이모지 머니(마켓 데이 화폐)로 지불해야 했다. 또한, 물건을 판매하지 않는 아이들도 서비스를 제공하며 경제 활동에 참여했다. 모든 아이들은 저마다의 방식으로 마켓에서 경제 활동을 체험했다.

작은 CEO의 창의적인 도전

우리 아이는 방탄소년단(BTS) 캐릭터 책갈피를 만들기로 했다. 직접 인터넷에서 그림을 찾고, 집에 있는 책갈피 크기를 참고해 디자인했다. 컬러 프린터로 그림을 출력한 후 코팅지로 마감해 깔끔하게 완성했다. 제작 과정과 아이디어는 모두 아이의 의견이었고, 나는 약간의 도움을 주었을 뿐이었다. 물론, 도움의 대가로 20달러를 받았다. 우리 아이는 철저한 비용 절감형 CEO였다. 가족 경영이라고 후한 대가를 주지 않았다. 하와이 최저 시급에도 한참 못 미치는 보수였지만, 그런 모습이 재미있어 웃음이 났다.

모두 다 같이

마켓 데이는 단순한 행사가 아니었다. 학교 선생님을 비롯해 주방 아주머니, 청소 담당자까지 모두 이모지 머니를 들고 행사에 참여했다. 아이들은 자신이 만든 상품을 적극적으로 홍보하며 판매를 했고, 학부모들도 방문했다. 물건을 팔지 못하는 아이들도 기회는 있었다. 그들은 친구를 도와 종업원이 되었다. 아이들은 자연스럽게 시장참여와 수요와 공급의 원리를 체험했다.

나는 마수걸이를 하지 못한 아이들을 위해 물건을 사려고 둘러보았다. 하지만 가격이 만만치 않았다. 50달러가 넘는 상품도 있었다. 아이들은 놀이를 통해 경제 개념을 자연스럽게 익히고 있었다. 아무리 좋은 물건이라도 가격이 비싸면 팔리지 않는다는 개념도 배우고 있었다.

마음을 나누는 거래

우리 아이도 책갈피 판매에 열을 올리고 있었다. 그런데 갑자기 한 아이에게 다가가더니 책갈피 하나를 샀다. 그 아이는 반에서 가장 인기 없는 친구였고, 30분 넘게 아무것도 팔지 못하고 있었다. 우리 아이는 '그림이 마음에 들어서 샀다'고만 했다.

얼마 지나지 않아 유치원 동생들이 몰려와 그 친구의 물건을 사 갔다. 덕분에 그 친구도 자존감을 찾았다. 나는 그저 우리 아이의 따뜻한 마음 씀씀이가 대견했다.

사업 감각이 빛나는 순간

우리 아이도 처음에는 책갈피가 팔릴까 걱정했지만, 방탄소년단의 인기 덕분인지 50개가 순식간에 동이 났다. 같은 반 친구는 동생까지 데리고 네 번이나 찾아왔다. 단골손님이 많아지자, 아이는 할인 요청을 받았다. 그러나 아이는 단호했다.

"아무리 단골손님이라도 그렇게는 안 팔아."

어린 나이에도 경영 철학이 확고했다.

같은 반 한국인 친구 대니얼은 닌자 표창을 팔았는데, 가격이 70달러였다. 나도 사주고 싶었지만 비쌌다. 할인해 달라고 했지만 그 아이도 꿈쩍하지 않았다. 처음에 장사가 안 되나 했는데, 나중에 몰려든 고객들이 한꺼번에 사 갔고, 큰돈을 벌었다. 아이들은 나름대로 철저한 사업 마인드를 가지고 있었다.

실수를 통해 배우는 경험

행사가 끝날 무렵, 우리 아이가 갑자기 심각한 표정을 지었다. 판매 장부를 작성하지 않은 것이다. 누구에게 팔았는지 기록이 없다는 사실을 깨닫고 당황했다. 나는 대충 적으면 된다고 했지만, 아이는 정직하게 선생님께 말씀드렸다. "괜찮으니 걱정하지 마"라는 말을 들은 후 아이는 안심하고 사업을 잘 마무리했다.

배움이 있는 교육

한국에서는 부모가 학교 행사에 참석하면 늘 아이들의 뒤치다꺼리로 분주했다. 그래서 마켓 데이도 처음에는 부담스러웠다. 그러나 막상 참여해 보니 색다른 경험이었다. 아이들이 자연스럽게 경제 개념을 익히도록 구성된 프로그램이었다. 단순한 체험을 넘어, 사회에서 필요한 협상력과 책임감을 배우는 소중한 시간이었다.

하와이 교육은 아이들이 '스스로 생각하는 과정'을 중요하게 여겼다. 수업 시간에도 정답보다 의견을 자유롭게 나누도록 가르쳤다. "틀렸다."는 말보다 "너의 생각은 어때?"라고 묻고, 정답이 아니더라도 "재미있는 생각이야", "추측이 괜찮은데?"라고 격려했다. 덕분에 아이들은 자존감이 높고, 창의적으로 사고하는 법을 배웠다.

마켓 데이에서도 같았다. 아이들은 자신만의 아이디어를 고민하고 실행했다. 물건을 만들지 못한 아이들도 함께 했다. 누군가와 평가하거나 비교하지 않았고, 모두가 자신만의 방식으로 참여했다. 아이들은 실패를 두려워하지 않고, 도전 속에서 자신감을 키워 나갔다.

아이들에게 남은 가치

나는 우리 아이들이 하와이에서 학창 시절을 보내면서, 많은 지식보다는 정확한 기본 개념을 배우는 것이 좋았다. 배려와 존중은 기본이었다. 실수를 해도 비난하기보다 이해하는 법을 배우고, 주저하지 않고 도전할 기회를 얻길 바랐다. 혹시 좌절하더라도 스스로 다시 일어설 용기를 키운다면, 그보다 더 큰 배움은 없을 것이다.

마켓데이를 지켜보며 내 아이가 이런 기회를 누릴 수 있다는 사실에 감사했다.

초등학교 마켓데이

초등학교 ELL 마지막 수업
아쉽고 감사했다

학부모 초청 행사와 테스트 결과

5월 말이 되자 학년이 마무리되었다. 아이들이 듣던 ELL^{English Language Learner} 수업에서 학부모를 초대해 아이들의 성과를 발표하는 자리를 마련했다. 작은 학교라 참석한 가족은 다섯 팀 정도였고, 동양인은 나 혼자였다. 나머지는 주로 남미계 부모들이었다.

"부모님께 이 프린트물을 나눠줄래?"

중국계 찡 선생님은 발표회에 참여한 아이들에게 부드럽게 도움을 요청했다. 아이들이 지루하지 않도록 이름을 하나씩 불러 참여를 유도하며 분위기를 이끌었다.

"원어민이 아닌 학생들이 ELL 과정을 졸업하려면 6.0점을 받아야 해요. 보통 1년에 1점씩 상승한다고 보고 5~6년을 목표로 합니다."

아이들의 ELL 테스트 결과도 받았는데, 생각보다 점수가 높았다. 한국에서 특별히 영어 수업을 받은 것도 아니었고 하와이 학교에 다닌 지 겨우 5개월 되었을 뿐이었다. 첫째 아이의 듣기 점수는 6점 만점에 5.8점이었다. 6점이면 ELL 수업을 졸업할 수 있는데, 또래 수준의 듣기 실력을 갖췄다는 의미였다.

선생님은 단기간에 이런 성적을 받다니 아주 뛰어난 성과라고 칭찬했다. 한국에서 영어책을 많이 읽고 DVD를 자주 봤던 것이 도움이 된 듯했다. 그런데 큰 기대를 하지 않았던 둘째도 읽기 점수가 높았다. 알파벳조차 제대로 몰랐던 아이였기에 더욱 신기했다. 신이 난 아이는 방학 동안 학교 교재로 더 열심히 공부하겠다고 다짐했다. 잘 해내고 있는 아이들이 고맙고 자랑스러웠다.

"아이들이 똑똑해서 2년 안에 ELL을 졸업할 거예요."

빨리 ELL 수업을 끝내길 바라는 내 마음을 읽으신 듯 선생님이 말씀하셨다. 그때는 2년이 까마득하게 느껴졌지만, 선생님의 예언대로 두 아이 모두 2년 뒤 ELL을 졸업했다.

모국어는 중요해

찡 선생님은 항상 모국어의 중요성을 강조했다. 아이 영어 실력을 높인다고 집에서도 영어만 쓰게 하면 안된다며, 꼭 모국어를 함께 사용하라고 당부했다. 모국어는 자연스럽게 얻어지는 귀한 선물인데, 부모가 신경 쓰지 않아 잃어버리면 되돌릴 수 없다고 했다. 영어로 책을 읽어주면서 모국어로 이야기를 나누면 아이 뇌가 더욱 활발히 발달하고 어휘력이 풍부해진다고 했다.

ELL 수업 방식

ELL 수업은 정규 수업 시간 중 아이들을 따로 불러 진행했다. 아이들은 반에서 혼자만 나와야 해서 불만이었다. 하지만 ELL 수업으로 아이들은 영어에 빠르게 적응했다. 거의 선생님과 일 대 일로 수업했고, 학생마다 세심하게 지도했다. 우리나라 학원에서도 받을 수 없는 수업이었고, 무료였다.

ELL 선생님은 든든한 지지자

ELL 선생님은 외국인 아이들의 든든한 지지자였다. 매일 가깝게 만나는 선생님들은 영어뿐 아니라 아이가 학교에 잘 적응하는지도 세심하게 살폈다.

첫째 아이를 가르친 미세스 티 선생님은 초등학교 졸업 후에도 아이와 지속적으로 연락을 주고 받았다. 어느 날, 일본 슈퍼마켓에서 우연히 선생님을 만났을 때 "우리 지난 학기에 최고의 시간을 보냈지?"라고 다정하게 말씀하셨다.

둘째 아이를 가르친 찡 선생님은 손주가 둘 있는 할머니 선생님으로, 웬만한 장난꾸러기에게도 화를 내는 법이 없었다. 엄마를 떠나

할머니와 하와이에 사는 한 아이에게, "너는 똑똑한데 공부를 열심히 안 해서 아쉬워. 하지만 조금만 노력하면 더 잘할 수 있어."라며 따뜻하게 응원했다.

작지만 알찬 수업

ELL 수업은 아이들에게 큰 도움이 되었다.

하지만, 모든 학교에 이런 과정이 있지는 않았다. 어떤 학교는 수요 부족이나 예산 문제로 ELL 수업 자체가 없었다. 우리 아이 학교도 예산 부족으로 ELL 방과 후 프로그램을 운영하지 못하고 있었다. 그래도 아이들은 하루 한 시간씩 집중해서 배우면서 실력이 늘었다.

아쉬운 이별

첫째 아이는 ELL 마지막 수업을 끝으로 중학생이 되었다. 초등학교 ELL 선생님들과 정이 많이 들어 "너무 슬프다"라고 했다. 나 역시 아이가 사랑과 관심을 받던 초등학교 시절이 끝나간다는 생각에 발걸음이 쉽게 떨어지지 않았다.

하와이에서 중학생을 대하는 자세
하와이에서 배우는 사춘기 자녀 교육법

갑작스러운 중학교 입학

'친애하는 가족들에게Dear Families'라는 인사말로 시작하는 엽서가 도착했다. 첫째 아이가 진학할 중학교에서 보낸 등록 안내였다. 주황색 물고기와 산호가 그려진 하와이 우표가 사랑스러웠다. 앙증맞은 그림으로 등록 절차를 소개했다. 하지만 설렘보다 두려움이 컸다. 첫째가 중학생이 되다니.

아이는 한국에서 5학년까지 마쳤다. 하와이는 한국과 달리 12학년 제였다. 1월에 5학년 2학기로 들어갔다가 8월부터 6학년, 바로 중학생이었다. 아이와 나는 아직 중학교에 다닐 마음의 준비가 되지 않았다.

한 학기뿐인 마지막 초등학교 기간은 금방 지나갔다. 한국에서 친구들은 아직 초등학생인데 우리 아이만 갑자기 중학생이 되었다. 어쩔 수 없었다. 사춘기 아이들 사이에서 우리 아이가 잘 적응하기를 기도할 수밖에 없었다.

색다른 신입생 오리엔테이션

학교 등록은 오전에 마쳤다. 신입생 오리엔테이션은 오후 5시 30분부터 7시까지 진행되었다. 일하는 부모들도 참석할 수 있도록 배려한 시간이었다. 부모와 아이들이 간단히 요기할 수 있도록 피자와 쿠키, 간식도 준비되어 있었다.

단상에서는 교장 선생님과 교사들이 차례로 인사말을 던졌다. 겨우 어학원 6개월 다닌 실력이라 내용을 온전히 이해하기 어려웠다. 머리는 멍하고 어깨는 뻐근했다. 지루해서 몸을 비틀었다.

사춘기 자녀를 이해하는 법

무료한 시간이 지나고, 예쁜 여선생님이 강단에 올랐다. 다른 교사들과 달리 또렷한 목소리가 귀를 사로잡았다. 그녀는 자신을 학교 상담교사(카운슬러)라고 소개하며 프레젠테이션 화면을 띄웠다. 강의 주제는 '청소년기 자녀를 돕기 위해 부모가 할 수 있는 일'이었다.

"아이들은 각자 다른 시간과 방식으로 자랍니다."

발표 자료의 첫 문장을 읽으며 놀랐다. 아이들의 '다름'을 강조했다. 문득 다음에 이어질 내용이 기대되었다.

"청소년기는 분명 가르치기 힘든 시기예요. 그들은 어떤 것도 존경하지 않습니다. 고집불통이고 스스로도 그 사실을 잘 알고 있어요. 하지만 부모와 선생님이 기대하고 있다는 것도 알고 있답니다. 그러므로 어떤 이유로도 기대를 놓아서는 안 돼요."

어학원 수업시간보다 더 집중했다. 부모들의 공통 관심사는 당연히 아이들이었다. 내 아이지만 사춘기라는 베일을 쓸 때 이해하기 어려웠다. 그 비밀을 알고 싶었다.

상담교사는 아이를 잘 이해하고 올바르게 성장할 수 있도록 돕는 방법을 알려주겠다고 했다. 오랜 연구 끝에 얻은 결론이니 믿고 따라오라고 했다.

"부모님들은 혼자가 아닙니다. 아이의 선생님과 상담교사, 학교로부터 도움을 받으세요."
"아이들은 어떤 날 불쑥 성장하다가도 다음 날이면 아기가 됩니다. 종종 걷는 방법조차 잊어버리고, 아기처럼 우는 방법도 기억해 냅니다. 아이들은 사춘기를 싫어하고, 그런 모습을 보이는 것도 싫어합니다. 사랑하기 어렵고, 가르치기 어렵고, 이해하기 어렵습니다. 무엇보다 가장 어려운 것은 '하나가 되는 것'입니다. 꼭 기억하세요, 하나가 되세요."

아이는 사춘기로 혼란스러우면서도 부모에게 들키고 싶어 하지 않는다는 사실이 와닿았다. 하지만 부모는 어렵더라도 아이 곁에서 사춘기를 함께 하려는 노력을 해야 했다. 그렇다면 부모로서 나는 어떻게 해야 할까? 사춘기 자녀를 위해 내가 실천할 수 있는 것은 무엇일까?

부모가 실천해야 할 것들

선생님은 당부했다.

- 부모의 신발에 아이를 맞추지 말고, 아이의 신발에 부모를 맞추세요.
- 아이의 사생활을 존중하고, 말하기보다 귀 기울여 들으세요. 실수할 수 있음을 가르치되, 삶이 항상 쉬운 것만은 아니라는 것도 알려주세요. 권리와 의무는 함께한다는 사실을 가르쳐 주세요. 아이의 관심사와 읽는 책, 접하는 정보에 관심을 가지세요. 아이와 의미 있는 시간을 보내세요. 스스로 성장할 수 있도록 도와주세요. 사춘기라는 과정을 함께 즐기세요. 시간은 생각보다 금방 지나갑니다.
- 아이들은 더 많은 음식과 휴식, 잠이 필요해요. 많이 자게 하세요. 좋은 아침을 먹이세요. 과도한 스케줄을 잡지 마세요. TV와 게임으로부터 보호하고, 운동할 수 있도록 하세요. 아이의 선택에 이유가 있다면 존중하세요. 그리고 자주 대화하세요.

사춘기를 지켜보는 부모의 자세

학교 강의를 듣고 이렇게 충격을 받은 것은 처음이었다. 그것도 외부 초청 강사가 아닌, 아이가 다니는 공립학교 상담 선생님의 강의였다. 이런 교육이 일반적인 공립학교 강의라니.

한국에서는 중학생들이 학원으로 내몰리고, 잠을 줄이며 공부하는 것이 현실이다. 하지만 하와이 학교에서는 사춘기는 원래 힘든 시기이나 곧 지나갈 것이고, 부모와 학교가 함께 지켜봐 줘야 한다고 강조했다. 철저하게 아이 중심이었다. 이미 알고 있지만 아이의 성공을 위해 무시해 왔던 가장 중요한 사실을 다시금 깨달았다.

사춘기 중학생이 올바르게 성장하기 위해 학교와 상담교사, 부모가 삼각 다리가 되어야 한다는 메시지는 강렬했다. 학습 도구로서의 삶이 아닌, 인간으로서 성장할 기회를 보장받는 교육이 기대되었다. 학교는 명확한 기준을 세워 아이들을 지도하고 있음을 알 수 있었다.

사춘기, 함께 지나가는 시간

공부도 중요하지만, 아이가 사춘기를 건강하게 보내는 것이 우선이다. 부모로서 아이에게 집중하고, 신체적·정신적으로 건강한 환경을 조성하는 것이 가장 중요하다는 사실을 배웠다.

이제 아이의 말과 행동이 이해되지 않아 답답해도 화내지 않기로 마음먹었다. 아이가 흰자위가 보이도록 째려봐도, 더 이상 마음 상하지 않기로 했다. 화난 괴물 같은 겉모습 뒤에도, 여전히 사랑스러운 우리 아이가 있음을 믿기로 했다.

사춘기 또한 지나간다. 그날 밤, 아이의 밝은 미래를 그리며 설레는 마음으로 잠들었다.

둘이 같이

영어보다 중요한 건
아이와 공부에 대한 다른 관점

가족 여행이 무단결석?

가을 방학을 맞아 아이들과 뉴욕 여행을 떠났다.

방학 시작 직전, 비행기표가 저렴했다. 우리나라에서는 담임선생님께 현장 체험학습서를 제출하면 출석이 인정되기 때문에 하와이에서도 같은 방식일 거라 생각했다. 아이 편에 가족 여행을 간다는 내용의 편지를 담임선생님께 전달했고, 선생님도 별다른 말씀 없이 잘 다녀오라고 인사했다.

그러나 여행에서 돌아온 후 학교에서 한 통의 편지를 받았다. 행정실 상담 선생님이 보낸 것이었다. 예상치도 못한 내용이었다.

"결석할 때는 반드시 오피스에 전화해야 합니다. 장기 결석은 학습에 부정적인 영향을 미칩니다. 이 편지를 받으면 반드시 연락하세요."

담임선생님께 미리 알렸음에도 우리 아이들은 '무단결석' 처리가 되어 있었다. 혹시라도 아이의 출석에 무관심한 부모처럼 보였을까 당황스러웠다.

행정실에 인정 결석 미리 알리기

우리나라에서는 담임선생님이 출석을 체크하지만, 하와이에서는 학교 행정실(오피스)에서 지각과 결석을 관리했다. 담임선생님께 말씀드렸더라도 행정실에 따로 알리지 않아서 무단결석 처리가 된 것이다. 깜짝 놀라 담임선생님께 문의하자, 오피스에 대신 연락해 주겠다고 했다.

하와이에서는 가족 여행이라도 결석은 결석이었다. 단, 사전에 학교 측에 알린다면 '익스큐즈 excused'(허가된 결석)처리가 가능했다.

하지만 미리 알린 결석이라도 10일 이상 등교하지 않으면 자동으로 학교 등록이 취소될 수 있었다. 미국 영주권자인 친구네가 그랬다. 아이 엄마가 갑자기 아파서 가족이 한 달간 한국에 다녀왔는데, 미리 알렸음에도 아이 학교 등록이 취소되었다. 돌아와서 재등록을 해야 했고, 같은 반으로 돌아갈 수 있을지 걱정하는 상황이 벌어졌다. 만약 이사라도 했다면 같은 학교에 다시 입학할 수 없었을 것이다. 교육과 행정이 철저히 분리되어 있었고, 출석을 매우 중요하게 여겼다.

'더 열심히 하겠습니다'라는 인사가 낯설게 들리다

우리나라와 비교해 볼 때, 하와이 교육은 공부에 대한 관점 자체가 조금 달랐다.

내 친구가 아이의 상담을 위해 선생님을 만났다. 선생님은 아이의 학습 내용, 숙제, 시험 결과에 대해 이야기했다. 상담이 끝날 무렵, 아이에게 시켜 "더 열심히 하겠습니다."라고 인사했다. 하지만 선생님은 "지금도 충분히 잘하고 있어요. 걱정하지 않아도 됩니다."라며 정색했다.

공부보다 더 중요한 것

학교에서는 읽기와 글쓰기를 특히 강조했다. 좋은 책을 추천해 주기도 했고, 때로는 선생님 책을 선물로 주기도 했다. 도서관에는 전문 사서가 상주하며 체계적으로 책을 관리했다. 책을 많이 읽는 학생들에게 상을 주고, 독서 행사를 열어 아이들의 참여를 독려했다. 단순한 지식 습득보다 인성과 독서 교육에 더 초점을 맞춘다는 느낌이 들었다.

숙제도 달랐다. 초등학교에서는 수학 숙제보다 감정 조절과 긍정적인 사고방식에 관한 숙제가 많았다. '화를 다스리는 몇 가지 단계'나 '긍정적으로 생각하는 방법' 같은 주제로 부모와 대화한 내용을 제출하는 숙제였다. 공부뿐 아니라 삶을 살아가는데 필요한 태도와 가치관을 익히는 과정이었다.

용기를 격려하는 문화

아이가 다니던 중학교에서 밴드와 오케스트라 공연이 있었다. 아이는 밴드에서 클라리넷을 맡았다. 처음이라 기대하지 않았지만, 몇 달간 연습한 결과 그럴듯한 하모니를 만들어냈다. 하지만 정작 놀라운 순간은 피아노 독주 무대였다.

첫 번째 연주자는 초급 수준의 실력이었는데도 무대에 섰다.

'이 정도 실력으로 독주 무대에 나온다고?'

순간 놀랐지만, 우리 아이가 한마디 했다.

"이번 학기에 처음 배우기 시작했는데, 저 정도면 잘한다."

문득, 우리는 실력이 뛰어나야만 무대에 설 자격이 있다고 생각하는 게 아닐까 하는 생각이 들었다.

그러다 두 번째 연주자 무대에서 황당한 일이 벌어졌다. 연주자가 연주 도중 멈춘 것이다. 정적이 흘렀고, 시간이 길어졌다. 그런데 아무도 나무라거나 재촉하지 않았다. 다들 조용히 기다렸다. 아이는 침착하게 다시 연주를 시작했지만, 같은 부분에서 또 멈추고 말았다. 결국 연주를 마치지 못하고 내려왔지만, 비웃거나 야유하는 사람은 단 한 명도 없었다. 오히려 다시 도전한 용기를 응원하며 뜨거운 박수를 보냈다.

결과보다 과정, 작은 성공도 칭찬하는 문화

하와이 학교에서는 아이들이 쉽게 위축되지 않도록 작은 성공도 적극적으로 칭찬했다. 학업뿐만 아니라 무대 경험, 감정 표현, 관계 맺기 등 인생 전반에서 자신감을 키우도록 노력했다. 단점을 지적하기보다 장점을 키워주는 문화였다.

심지어 내가 다니던 어학원에서도 마찬가지였다. 단점을 지적하는 피드백보다 "이 점이 좋다"는 칭찬이 많았다. 부족한 점을 채우기보다 장점을 극대화하는 방식이었다.

영어를 배우러 떠난 유학이었지만, 우리는 그보다 더 중요한 태도와 가치를 배웠다. 출석이 단순한 기록이 아니라 책임이라는 것, 교육이란 단순한 지식 습득이 아니라 한 사람의 성장과 태도를 길러주는 과정이라는 사실. 그리고 실력 못지않게 자신감과 용기도 중요하다는 점.

하와이에서 배운 것은 영어만이 아니었다. 앞으로도 힘차게 도전하며 살아갈 아이에게 필요한 지혜와 원칙이었다.

제 5 장

하와이를 사랑할 수밖에

바다, 바람, 그리고 도서관
하와이에서 찾은 작은 행복

하프 선율이 울려 퍼지는 도서관

여러 대 하프가 동시에 울려 퍼졌다. 직접 듣는 하프 소리는 처음이었다. 아름다운 선율이 가슴을 파고들었다. 공연장 콘서트가 아니었다. 동네 도서관에서 열린 작은 음악회였다. 어린 학생들과 성인들이 함께 연주했고, 관람객은 친구와 가족들이었다.

'그들만의 행사인가?'

잠시 어색했지만, 아무도 우리를 이상한 시선으로 보지 않았다. 오히려 반가운 미소를 지었다. 곧 음악에 빠져들었고 나도 모르게 눈시울이 붉어졌다. 유학생의 고단함을 잠시 잊게 만드는, 예상치 못한 선물이었다. 그곳에서는 이방인도 환영받았다.

하와이로 이끈 두 가지 이유, 도서관과 바다

하와이를 선택한 결정적인 이유는 도서관과 바다였다.

한때 '제주도에서 아이와 한 달 살기'라는 책을 읽고 설렜다. 작가는 여름방학 동안 아이와 제주에서 지냈다. 아침에는 바다에서 수영하고, 해가 뜨거운 낮에 도서관에 갔다. 유명 관광지를 돌아다니는 빡빡한 여행이 아니었다. 아이의 눈높이에 맞춰 여유를 즐기는 모습이 진정한 휴식 같았다.

그 책의 영향이었을까? 제주도 한 달 살기가 유행처럼 번졌다. 작가는 제주도를 넘어 캐나다까지 살고 돌아왔다. 그리고 또 한 권의 책을 냈다. 부러웠다.

시간이 흘러, 나는 하와이에서 아이와 유학 생활을 시작했다. 흥미롭게도 하와이는 제주의 바다와 캐나다의 영어를 모두 가진 곳이었다.

바람, 바다, 그리고 도서관

하와이를 처음 찾는 사람들은 제주도를 떠올린다. 화산섬인데다 섬을 가로지르는 도로마저 제주의 산간도로를 닮았다. 바람도 강하다. 바람, 돌, 여자로 유명한 제주처럼, 나는 하와이를 '바람, 바다, 도서관의 섬'이라 부르고 싶다.

우리 가족은 원래 도서관을 좋아했다. 한국에서도 휴일이면 도서관 순례를 다녔다. 도서관은 여름에 시원하고 겨울에 따뜻했다. 매점에서 간식을 사 먹는 재미도 한몫했다. 나에게는 도서관이 최고의 육아 공간이었다. 아이들이 책에 빠져 있는 동안 나도 쉴 수 있었다.

아이들은 한글을 따로 배우지 않아도 그림책을 보며 자연스럽게 익혔다. 영어도 그러길 바랐다. 하와이 도서관 1층에는 아이를 위한 영어책이 잔뜩 꽂혀 있었다. 미국 도서관에 영어책이 있는 게 당연한데도, 보물섬을 발견한 마냥 기뻤다.

우리 동네 도서관, 맥컬리 모일릴리

우리가 살던 집에서 5분 거리에 도서관이 있었다. 맥컬리 모일릴리 공립 도서관McCully- Moiliili Public Library이었다. 2층에는 한인 도서관도 있어 한국 책을 빌릴 수 있었다. 심지어 교보문고와 연계된 전자책 서비스까지 이용할 수 있었다.

집 주소가 생기자마자 도서관으로 향했다. 가족 수만큼 도서 대출증을 만들었다. 놀랍게도 대출 권수 제한이 없었다. 다만, 연체가 되면 매일 몇 센트의 벌금이 부과됐다. 원하는 만큼 빌리더라도 책임은 명확했다.

맥컬리 도서관은 오래된 건물이었고, 곳곳에 세월의 흔적이 느껴졌다. 책에서 오래된 종이 냄새가 났고, 노숙자들도 종종 머물렀다. 깨끗한 신도시에서만 자란 아이들이 불편해할까 걱정했지만, 아이들은 불평하지 않았다. 낡았지만 청결하게 관리되어 정이 갔다.

도서관에서 만난 작은 행복

도서관은 책을 빌리는 공간 이상이었다.

토요일 아침이면 영화가 상영됐다. 최신작은 아니었지만, 온 가족이 함께 볼 수 있는 작품들이었다. 무료로 제공되는 팝콘과 음료수로 즐거움을 더했다.

음악 공연과 각종 전시회도 열렸다. 여름방학에는 '책 읽기 챌린지' 같은 이벤트도 진행됐다. 이벤트에 꾸준히 참여하면 작은 선물을 받았다.

DVD 대여 코너도 인기였다. 1달러만 내면 영화를 빌릴 수 있었는데, 어린 시절 보던 명작들도 스크래치 하나 없이 깨끗하게 보관되어 있었다. 아이들과 옛날 영화를 보며 함께 울고 웃었다. 도서관으로 인해 큰 비용 없이 풍요로운 문화생활을 만끽했다.

도서관 가는 길에 꼭 들르는 쉐이브 아이스 집

도서관을 나서면 아이들은 늘 나를 쳐다보았다. '쉐이브 아이스(우리나라 빙수처럼 얼음을 갈아 연유나 시럽을 끼얹은 간식)'를 먹고 싶다는 신호였다.

도서관 앞 하늘색 가게, '와이올라 쉐이브 아이스 WAIOLA Shave Ice'. 귀여운 그림이 그려진 이 작은 가게 앞엔 늘 사람들이 줄을 서 있다. 건설 인부부터 관광객까지, 남녀노소가 모두 좋아하는 가게였다.

우리도 도서관에 가는 날이면 어김없이 그 집에 들렀다. 가장 작은 사이즈를 주문해 아이들이 좋아하는 시럽을 가득 뿌리고, 찹쌀떡이

나 쿠키를 얹었다. 가게 앞 벤치에 셋이 나란히 앉아 떠들면서 먹는 순간이 소소한 행복이었다.

우리에게 도서관은 단순히 책만 보관하는 공간이 아니었다. 그곳에서 우리는 쉬고 위로받았다.

공짜나 다름없는 책과 영화, 그리고 공연. 매번 들르는 쉐이브 아이스 가게까지 하와이 도서관의 추억은 나를 미소 짓게 한다.

아파도 함께여서 행복해
아파서 더 고마운 날

"엄마, 오늘 학교 안 가면 안 돼?"

둘째 아이가 애처로운 눈빛을 보낸다.

"그래, 엄마도 오늘 하루는 쉬자."

안 된다고 할 줄 알았는데 흔쾌히 승낙하자, 아이는 안도의 미소를 지었다. 방긋 웃는 모습에 나도 마음이 놓였다.

하와이에 살면서 좋았던 점은 아이들이 잘 아프지 않았다는 것이다.

한국에선 감기며 중이염, 장염을 달고 살았다. 특히 환절기에는 병원으로 출근하다시피 했다. 오전에 첫째, 오후엔 둘째 아이가 차례로 진료받는 날이 잦았다.

하와이에서도 아플까 봐 걱정이었다. 출국 전 미리 항생제 처방을 받아 두었다. 그런데, 놀랍게도 병원에 거의 가지 않았다.

하와이도 겨울은 춥다

하와이 하면 동남아처럼 더운 곳이라고 생각했다. 여름옷만 챙기고 긴 옷은 얇은 남방 몇 개만 챙겨 왔다.

하지만 하와이 겨울은 생각보다 쌀쌀했다. 특히 2월, 3월엔 비바람이 세게 들이쳤다. 한국의 겨울만큼은 아니지만, 마룻바닥에 맨발이 닿으면 시릴 정도였다.

밤엔 더 추웠다. 얇은 홑이불만 가져온 탓에 잠을 설치기 일쑤였다. 급히 두꺼운 이불을 사고, 긴 옷도 장만했다. 그래도 창문 사이로 불어오는 바람에 코끝이 시렸다.

감기 기운에도 나선 외출

며칠 동안 쌀쌀한 날씨가 이어졌다. 토요일 아침에 일어나니 목이 칼칼했고, 콧물이 흘렀다. 둘째도 비슷한 증상을 보였다. 몸이 으슬으슬한 걸 보니 감기였다.

그래도 휴일을 그냥 보내기 아까워 와이키키로 나섰다. 알라모아나 쇼핑센터에 주차하고 '핑크 트롤리'라는 2층 버스를 타고 와이키키로 향했다.

그날따라 흐리고 비가 조금 내렸다. 트롤리 안으로 바람 따라 빗물이 뿌리듯 들이쳤다. 한 두 시간 추워서 떨었더니 다음날 아이는 감기에 걸려버렸다. 처음으로 학교에 못 가겠다고 했다.

목도 붓고 열이 나는 것 같았다. 챙겨 온 약은 큰 알약이라 못 삼키겠다고 고개를 저었다. 시럽 해열제만 겨우 삼켰다.

우리나라였다면 병원으로 갔겠지만 당장 병원이 어디 있는지도 몰랐다. 영어로 어떻게 설명해야 할지, 병원에 안 가서 밤새 열이 오르면 또 어떻게 할지 겁이 났다.

게다가 어학원에서 결석일수 제한이 있었다. 5일 이상 결석을 하면 비자에 문제가 생길 수 있었다. 그렇다고 아이가 집에 있는데 학원에 갈 수도 없었다. 법적으로 아이를 혼자 둘 수 없었기 때문이다. 누가 신고라도 하면 큰일이었다.

고민 끝에 아이도 나도 하루 쉬기로 했다. 아이 상태로 봐서 하루 푹 쉬면 좋아질 것 같았다. 그리고 아이가 적응하느라 애쓴 만큼 어느 정도 꾀병이라도 눈감아 주고 싶었다.

라멘 한 그릇의 위로

"뭐 먹고 싶은 거 없어?"

"라멘이 먹고 싶어!"

동네에 우리가 자주 가던 매콤한 라멘집이 있었다. 망설임 없이 그곳으로 향했다. 아파서 학교도 빠진 아이와 식당에 가다니 양심에 조금 찔렸지만, 먹고 싶다는 데 마다할 이유가 없었다.

가까운 거리였지만 환자라는 핑계로 차를 탔다. 햇살로 데워진 차 안 시트가 온돌처럼 따뜻했다. 학교에 간 첫째 아이가 알면 분명 서

운하셨지만, 그날만큼은 둘째를 위하기로 했다.

라멘집은 평일 오전이라 한산했다. 돼지고기 뽀얀 국물에 매운 소스를 살짝 넣은 라멘을 주문했다. 평소에는 매운 걸 즐기지만 감기니까 평소보다 덜 맵게 주문했다. 보통 한 그릇을 나눠 먹는데, 그날은 특별히 각자 한 그릇씩 시켰다. 땀을 뻘뻘 흘리며 라멘을 먹었다. 아이도 나도 힘이 나는 듯했다.

집에 돌아오자마자 이불을 깔았다. 집안일도, 숙제도 모두 미루기로 했다. 아이를 꼭 껴안고 오랜만에 평일 낮잠을 잤다.

"아파도 엄마랑 있어서 좋아."

그 말에 코끝이 찡했다.

땀을 푹 흘리며 한참을 잤다. 나도 하와이에 와서 긴장의 연속이었는데, 그날은 모든 걸 내려놓고 푹 쉬었다.

자고 일어나니 아이의 열이 거짓말처럼 내려갔다. 감기가 무사히 지나갈 모양이었다. 뜨끈한 라멘 국물과 엄마의 사랑이 약이 되었나 보다.

한국에서는 늘 직장이 우선이었다. 아이 아플 때마다 더 아픈 마음으로 회사를 향했다. 병가를 쓰는 건 쉽지 않았고, 아이는 늘 약에 의존해 학교로 향했다. 나도 아이도 지쳐 있었다.

아이가 아플 때면 늘 미안했다. 하지만 하와이에서는 아이 곁에 머물 수 있었다. 아이가 안심하며 감기를 이겨내는 모습에 감사했다.

한국에서 쉽게 허락되지 않던 하루, 하와이에서야 비로소 함께할 수 있었다.

아파도 함께할 수 있어 행복한 날이었다.

마음껏 숨 쉬고 비 맞아도 돼
깨끗한 하와이 공기

어린 시절 생각나는 하와이 맑은 공기

하와이에 처음 오신 날, 아버지는 하늘을 한참 올려다보셨다.

"뿌옇게 보이는 게 내 눈 때문인 줄 알았어. 그런데 하와이에 와 보니까 이렇게 잘 보이네. 공기가 어릴 적 공기랑 비슷하네."

아버지는 공기가 맑다며 감탄하셨다. 어릴 때 살던 맑고 깨끗한 우리나라 자연을 그리워하며, 하와이만큼은 영원히 변하지 않았으면 좋겠다고 하셨다.

한국에서는 먼지와 전쟁을 치렀다. 집 밖에는 미세먼지, 집 안에는 집먼지로 고생했다. 뿌연 하늘 아래 한두 시간만 있어도 가슴이 답답했다. 아침에 아이 마스크를 못 챙겨주면 하루종일 마음이 편치 않았다.

첫째 아이는 집먼지 알레르기와 아토피, 둘째는 코감기를 앓았다. 그러다 보니 항상 먼지에 민감했다. 피곤해서 청소를 하루만 미뤄도 아이가 아팠다. 내가 게을러서 아이가 아픈 것 같아, 마음 한구석이 무거웠다. 미세먼지로 환기도 마음 놓고 할 수 없었다. 마음 편히 숨 쉬고 싶었다.

하와이에도 먼지는 있어

하와이에서는 더 이상 마스크가 필요 없었다.

그렇다고 먼지가 없지는 않았다. 아침에 닦아도 오후면 먼지가 쌓였다. 일주일이면 마룻바닥에 하얀 먼지가 내려앉았다. 방충망에도 먼지가 꼈다. 바람이 통과하면서 먼지를 집 안으로 몰고 온 듯했다. 맑은 공기 속에도 보이지 않는 먼지가 있었다.

하와이는 바람이 강해서 바깥 먼지가 집 안으로 들어왔다. 가는 모래일 수도 있고 화산섬이라 풍화되어 날아오는 먼지일 수도 있다. 먼지 때문인지 둘째는 아침마다 유난히 재채기와 콧물이 심했다. 그래도 오후가 되면 괜찮았다. 심각한 비염은 아니어서 약은 필요 없었다. 청소만 하면 될 정도였다.

비 맞아도 괜찮아

하와이에서는 비도 깨끗했다. 그래서 비가 와도 피하지 않았다. 갑자기 소나기가 쏟아져도, 사람들은 우산을 펴지 않았다. 바람 때문에 우산이 소용없기도 했다. 잠시 비를 피하면 대부분 금방 그쳤다. 그리고 이내 무지개가 떴다. '무지개 주$^{Rainbow State}$'라는 별명이 붙을 만했다.

아이들이 하교하던 어느 날, 갑자기 장대비가 쏟아졌다. 며칠 비가 오지 않아 대지와 나무들도 바싹 말라 있었다. 반가운 비가 오자 아이들이 물었다.

"엄마, 우리 빗속에서 놀아도 돼?"

잠깐 망설였다. 어릴 적 나는 비를 맞으며 놀았지만, 아이들은 아니었다. 감기라도 걸리면 아파서 걱정, 출근도 걱정이었다. 미리 우산을 못 챙겨 비를 맞히는 날에는 자책도 했다.

'하와이는 괜찮지 않을까. 매일 수영도 하는데, 비 좀 맞는다고 어때. 집에 가서 금방 씻으면 되지. 공기만큼 비도 깨끗하겠지.'

아이에게 소리쳤다.

"어서 뛰어놀아. 여기선 비 맞아도 돼."

말이 떨어지기 무섭게 아이들은 환호성을 지르며 빗속으로 뛰어들었다. 굵은 빗방울이 웃음 위로 쏟아졌.

하와이에서 아이들은 더 이상 비를 피하지 않았다. 비가 오면 그냥 맞았다. 우산도 필요 없었다. 하와이 사람들처럼 그냥 맞거나 잠시 멈춰 서서 지나가기 기다렸다. 더 이상 비에 젖었다고 투덜대지 않았고, 비바람에 문이 덜컹거려도 겁내지 않았다.

앞으로 인생도 두려워 말고 당당하게 받아들이길. 피해야 할 때는 피하더라도 맞아야 할 때는 겁내지 않았으면 좋겠다.

자연에 둘러싸인 하루하루가 행운이고, '숨 쉬는 삶'이었다.

비 맞아도 괜찮아

천천히, 걷다
걷는 기쁨

> 그래, 낮에 고민을 했었지. 그런데 씻으니까 이상하게 상쾌하네? 애써 이전의 고민을 이어가려고 해도 나의 기분 모드는 이미 바뀌어버린 것이다.
> — 하정우 《걷는 사람, 하정우》

    애써 이어가던 고민이 바람처럼 날아가 버릴 때가 있다. 배우 하정우가 책에서 말했던 것처럼, 씻거나 걷기만 해도 기분이 바뀔 때 그랬다. 하정우는 하와이를 '걷는 사람들에게 천국'이라고 했다. 기온은 언제나 25도 안팎, 계절에도 구애받지 않고 걷기 좋은 곳. 그는 그림 같은 풍경 속에서 하루 3만 보를 걷는다고 했다. 걷기만 해도 힐링이 되는 곳, 나도 그처럼 걸었다.

걸으면 기분이 바뀐다

직장 후배와 퇴근길을 걷곤 했다.

정체로 꽉 막힌 도로, 차를 타나 걸으나 집까지 오는 데 걸리는 시간은 비슷했다. 퇴근하자마자 육아 출근하던 두 아줌마에게 걷기는 유일한 운동이었다. 퇴근 시간을 기다려 함께 걸었다.

걸으면서 수다로 스트레스도 풀고, 아이 얘기며 업무 고민을 털어놓았다. 운동이라는 생각도 없이 걸었는데 살이 빠지고, 허리 라인도 살아났다. 무엇보다 마음이 가벼워졌다. 걷는 시간은 우리에게 작은 해방감을 주었다. 걷고 나면 기분이 바뀌고 육아 시작할 기운이 났다.

하와이에서 다시 시작한 걷기

하와이에서도 바빠 운동할 틈이 없었다. 어느 날 열심히 걸어가는 대학생을 보고 후배와 걸었던 기억을 떠올렸다. 하와이 학생들은 운동이 생활이었다. 무거운 텀블러를 들고 당당히 걷는 레깅스 차림의 여학생, 스케이트보드 하나로 어디든 갈 수 있을 것 같은 남학생. 그 모습이 자연스러웠다. 날씬하지 않아도, 일부러 멋을 내지 않아도 그대로 예쁘고 멋있었다.

걷고 싶었다. 주차 자리 찾아 헤매는 시간에 차라리 걷기로 했다. 어학원까지 왕복 한 시간 거리. 주차비도 아끼고 운동도 할 겸 걷기로 마음먹었다.

걸을 준비

시원한 물을 텀블러에 담았다. 가방 옆 양 주머니에 텀블러와 우산을 꽂았다. 강한 바람에 날아가지 않도록 모자 끈을 묶었다. 선크림도 잔뜩 바르고 얇은 바람막이 잠바와 헐렁한 바지를 입었다. 마지막으로 운동화 끈이 풀리지 않도록 단단히 매듭을 묶었다.

혼자 걷는 시간

어학원이 있는 마노아 지역은 높은 지대여서 종종 비구름을 품었다. 비가 내렸다가도 금방 해가 떴다. 그 사이 무지개가 피어났다.

쌍무지개를 마주한 날, 그 자리에 멈춰서 한참 바라보았다. 무지개 끝이 발 앞에 있었다. 손 내밀면 닿을 듯 가까웠다. 아무도 없는 그 길 위에서, 무지개는 온전히 나를 향해 피었다. 사진으로는 다 담을 수 없는 풍경이었다.

음악을 들으면 아침 풍경이 뮤직비디오처럼 펼쳐졌다. 유튜브를 들으면 길이 강의실이 되었다. 시험이 있는 날은 작은 노트를 들고 걸어가면서 외웠다. 프레젠테이션 내용을 중얼거리며 준비하기도 했다.

걷는 동안은 나만 생각했다. 아이들이 싸워 속상한 마음도 옅어졌다. 걷고 나면 기분이 좋아졌다. 기분이 좋아지면 웃음이 나왔다. 엄마가 웃으면 아이들도 밝아졌다. 지친 나를 달래주는 시간. 걸으면서 온전히 나에게 집중하고 힐링했다.

"하와이의 자연은 특별히 무엇을 하지 않아도 사람을 위로해 주는 힘이 있다."

하정우의 그 말은 꼭 맞는 말이다. 걷다 보면 자연이 주는 '알로하'를 온몸으로 느낄 수 있다. 걷는 것만으로 위로가 되고, 머릿속을 맴돌던 걱정들이 작아졌다. 내가 살아 있음에 감사했다.

하와이를 떠나 문득 그리운 순간은, 이른 아침 시원한 바람 속 걷던 그 시간이었다. 무지개를 만나고 조용히 에너지가 충만해지던 시간이었다.

알로하, 마음을 어루만지는 말
자유와 사랑의 인사말

인사말 이상의 의미

"알로~~~~~하!"

하와이에 처음 발을 들여놓으면 가장 먼저 듣게 되는 말이다. 낯선 이에게도 따뜻하게 건네는 인사다. '안녕하세요', '사랑합니다', '고마워요'라는 뜻을 품은 인사지만, 실은 그 이상의 말이다.

> "알로하는 하와이 사람들이 생명을 인식하는 방식이며, 모든 생명 안에 깃든 정신입니다."

하와이의 마지막 여왕, 릴리우오칼라니는 '알로하'에 대해 이렇게 말했다. 대가를 바라지 않고, 진심을 담아 나누는 마음. 알로하는 단순한 단어가 아니라, 그들의 숨결이자 철학이다.

바다를 품은 하와이

카피올라니 대학 글쓰기 수업에서 교수님은 늘 강조하셨다.
"문화를 모르면 제대로 언어를 배울 수 없다."
영어를 배우려고 시작한 하와이 생활이었다. 글쓰기 수업에서 하와이어까지 알아야 한다니 이해가 안 갔다. 그런데 배울수록 하와이어가 매력적으로 다가왔다.

보통 하와이는 몇 개의 섬으로 이루어진 곳이라고 생각한다. 하지만 하와이 사람들은 본인들이 작은 섬에 산다고 생각하지 않는다. 그들은 '오세아니아' 사람이다.
오세아니아는 태평양 지역의 섬들과 그 주변 국가들을 아우르는 지리적·문화적 개념이다. 눈에 보이는 땅만이 오세아니아가 아니다. 바다 면적만큼 넓은 세계이다. 태평양을 품은 민족, 바다 위를 자유로이 항해했던 이들의 후손이다. 멜라네시아, 마이크로네시아, 폴리네시아로 이어지는 오세아니아의 한 축이자, 기개와 탐험 정신을 가진 이들의 후손, 그들은 바다를 삶의 일부로 받아들이며 살아왔다.
오랜 시간 하와이는 서구 열강의 침입을 받으며 아픔을 겪었다. 미국의 영토가 된 뒤에는 하와이어 사용이 금지되기도 했다. 언어를 잃는다는 건, 곧 문화를 잃는 것이었다.

하지만 하와이 사람들은 그 정신을 잃지 않았다. 후손들은 폐쇄된 작은 섬 니이하우에서 생존하던 하와이어를 부활시키려 노력하고 있다. 우리나라도 비슷한 역사의 아픔이 있기에 더 공감이 되었다.

자연과 사람, 가족을 표현하는 하와이어

무엇보다 '알로하'는 여전히 사람들의 삶을 이끄는 단어였다.

하와이 설화에서 식물은 사람과 형제라고 했다. 형인 '칼로'(하와이 전통 식물)와 동생인 인간은 서로를 돌본다. 자연과 사람의 관계는 가족으로 이어져 있다고 했다.

글쓰기 수업에서 카피올라니 대학 북쪽에 위치한 '말라가든'이라는 정원에 방문했다. 그곳에서는 하와이 토종 식물을 돌본다. 외래종으로부터 위협받는 하와이 자연을 지키는 일은 하와이 사람을 지키는 일이기도 했다.

정원에서는 '아이나'를 강조했다. 하와이어로 땅이자 가족이다. 혈연을 넘어, 이 땅에 함께 살아가는 모든 존재를 '아이나'라고 부르는 시선이 따뜻했다. 하와이에서는 처음 보는 사람에게도 미소를 건넨다. 그 안에 '당신도 나의 가족'이라는 메시지가 담겨 있다.

자연이 건넨 첫 번째 알로하

수업이 끝나고 말린 나뭇잎을 선물로 받았다. '마마키'라는 토종 식물로, 차를 우려 마시면 기관지에 좋다고 했다.

몇 달 뒤, 첫째 아이가 폐렴에 걸렸다. 병원 약으로도 별 차도가 없었다. 그때 그 차가 떠올랐다. 반신반의하며 차를 우렸다. 향이 나쁘지 않았다. 아이도 거부감 없이 잘 마셨다. 기침이 심했는데 다음날 거짓말처럼 기침이 잦아들었다. 하와이 자연이 우리 가족에게 건넨 첫 번째 '알로하'였다.

알로하로 채운 시간

한국에서 쉼 없이 달렸다. 직장과 육아 사이 줄다리기를 놓고 싶은 순간에 하와이에 왔다. 낯선 땅에서 고단한 날도 많았지만 내 인생 가장 충만한 시간이었다. 나를 돌보고 아이들을 가까이 살폈다. 나답게 살며, 남의 눈치를 보지 않고, 아이를 마음껏 안아주었다. 모든 것이 '알로하'였다.

"다 주는 대로 받는 거야. What goes around comes around."

하와이에서 도움을 많이 받은 샐리 언니에게 고맙다고 할 때마다 괜찮다며 이렇게 말했다. "뿌린 대로 거둔다."라는 우리나라 속담과 비슷하다. 나는 하와이식으로 이렇게 해석한다.

"알로하를 베풀면 알로하로 돌아온다."

마음이 머무는 말, 알로하

하와이에서도 마음을 나눴는데 가끔 상처를 주는 사람이 있었다. 우리끼리는 그런 사람을 '싸가지안'이라 불렀다. 신기하게도 그들은 하와이에 오래 머물지 못했다. 내 주변은 좋은 사람만 남았다.

지금도 '알로하'라는 말을 들으면 마음이 따뜻해진다. 그건 단지 인사말이 아니다. 진심으로 사랑하고, 조건 없이 베풀고, 먼저 손을 내미는 것이다.

하와이는 그런 삶을 알려주었고 배운대로 나누라고 전해주었다.

잃어버린 나를 찾아서
나를 위해 욕심껏 살기

이해받지 못한 결정

"유학 다녀오면 직장에서 혜택이 있는 거지?"
"네…"

시댁의 반복된 질문 앞에서 나는 늘 자신 없게 대답했다. 아들만 두고 해외로 떠나는 며느리를 쉽게 이해하실 수 있었을까. 얼마나 많은 걱정을 하셨을까.

양가 어른뿐 아니라 많은 이들이 걱정부터 앞세웠다.

"남편을 혼자 두면 안 된다, 다른 여자가 생기면 어쩌려고."
"아이들 어릴 때는 돈 모아야 되는데."

영어 쓸 일도 없는 공무원이 유학이라니, 이해할 수 없었을 거다. 나도 혼자 남을 신랑을 걱정했고, 유학 후 직장에서 보장받을 것도 없었다. 비용도 만만치 않았다.

그럼에도 불구하고 가기로 했다. 직장 일로 다 하지 못했던 엄마 노릇을 해보고 싶었다. 무엇보다 아이들에게 해외 경험을 쌓고 영어 능력을 만들어 줄 적기였다. 아이가 아직 초등학생이던 그때가 사실상 마지막 기회였다. 하지만 무엇보다 나에게 변화가 필요했다. 유학이 절실했다.

낯선 곳의 하루

그렇다고 하와이 삶이 편안하지는 않았다. 공부, 육아, 살림. 그 어느 하나도 쉽지 않았다. 우리나라에서는 외식도 하고, 반찬도 사 먹고, 가끔 가사도우미 이모님도 불렀다. 신랑이 많은 부분 함께 하기도 했다.

하지만 하와이에서는 모두 내 몫이었다. 새벽에 일어나고 밤늦게 잠들었다. 월세와 어학원비로 예산은 빠듯했다. 느린 행정에 속이 터지고, 환율이 치솟으면 돌아가고 싶다는 생각도 들었다. 외롭고 우울한 날도 많았다.

나를 위한 시간

그래도 하와이로 떠난 것을 후회하지 않는다. 다시 돌아가도 나는 하와이를 선택할 것이다.

하와이의 삶은 자유로웠다. 누구의 눈치도 보지 않고, 하고 싶은 대로 했다. 힘들 때도 있었지만 자유를 선택했기에 당연히 감당해야 했다.

가족을 챙기고 나면 나는 늘 마지막이었다. 나 스스로도 도움을 요청할 줄 몰랐다. 그러나 말하지 못했다고 갈망이 없지는 않았다. 하와이에서 처음으로 나를 위한 시간이 주어졌다.

하고 싶은 거 다 해

하고 싶었던 바인더 쓰기, 새벽 기상, 운동을 시작했다. 읽고 싶은 책을 읽고, 유튜브 강의를 들었다. 특히 피아노와 노래, 글쓰기는 나에게 다른 의미로 다가왔다.

초등학교 3학년 때부터 배웠지만 중간에 그만둔 피아노, 고등학교 합창반에서 대표 소프라노로 활동했지만 진학까지 이어지지 못한 성악. 학창 시절을 견디게 도와준 건 음악이었다. 하지만 대학에 들어가고 취업을 준비하면서 음악과는 점점 멀어졌다. 그런데 하와이 대학 수업에서 다시 음악을 만나다니, 꿈만 같았다.

음악은 나에게 익숙한 과목이었다. 코로나 때문에 온라인 수업으로 전환되어 아쉬웠지만, 오히려 혼자 집중할 수 있는 시간이 주어졌다. 특히, 피아노 수업은 두 번째 학기부터 전공 수업을 들었다. 일 대 일의 강도 높은 강의와 밤낮 없는 연습으로 굳어 있던 손가락에 감각이 돌아왔다. 온라인 연주 발표 날, 아이들과 학생들로부터 박수갈채를 받았다. 오랜만에 가슴이 벅찼다. 메말랐던 감성이 피아노로 깨어났다. 잃어버렸던 음악을 다시 찾았다.

글을 쓰다

글쓰기도 그랬다. 학창 시절 독후감 대회에서 늘 상을 받았지만, 부모님은 글 쓰는 일이 당장 돈이 되지 않는다며 반대하셨다. 하와이에서 글을 쓰고 싶었다. 우리나라 작가들의 온라인 강의도 듣고, 혼자 꾸준히 연습했다.

"방구석 글쓰기에서 벗어나 보세요."

선생님 권유대로 독서 기록을 남기던 블로그에 하와이 일상을 올리기 시작했다.

처음엔 수다 떨 듯 아이들과의 이야기를 남겼다. 그러다 보니 사람들이 궁금한 점을 물어왔다. 하와이 관광 정보보다 실생활을 담은 내 글이 오히려 도움이 된다고 했다.

그렇게 쌓인 글이 브런치 작가 선정으로 이어졌고, 결국 책으로 엮고 싶다는 꿈도 생겼다. 신랑은 공부만 해도 힘든데 뭘 자꾸 하냐며 걱정하면서도, 블로그의 열혈 독자가 되었다.

욕심은 열정의 또 다른 이름

하와이에서 많은 것을 시도했다. 누구에게 잘 보이려고 한 일도 아니다. 중간에 관둔다고 뭐라 할 사람도 없었다. 실패해도 되고, 힘들면 쉬었다가 다시 하면 그만이었다. 그냥, 하고 싶은 대로 살았다.

누군가 나에게 욕심이 많은 사람이라고 했다. 그때는 비난처럼 들렸지만 이제는 아니다. 욕심은 하고 싶은 게 많다는 뜻이고, 그만큼 열정적으로 살고 있다는 증거다. 실패가 두려워 시작 조차 못하는 사람이 많은 세상에서, 나는 욕심껏 살아보기로 했다. 나대로 살아보련다.

"두려워 말고 그냥 해."

아이들에게 자주 하는 말이다. 안되는 영어로 시작했지만, 포기하지 않으니 대학도 졸업했다. 앞으로 책도 내고 번역도 해볼 예정이다. 잘 되는 날도, 안 되는 날도 있을 것이다. 그러나 멈추지 않을 것이다. 평생 욕심쟁이로, 내가 원하는 삶을 향해 나아갈 것이다. 가족들의 응원이 늘 곁에 있으니까.

제 6 장

눈 감으면 하와이가

카일루아 같은 그녀
그녀가 생각나는 아름다운 동부해안도로

드라이브 가는 날은 모두 설렜다.

엄마들은 좋아하는 커피를 들고 앞좌석에, 아이들은 간식꺼리를 안고 뒷좌석에 앉았다. 엄마들은 수다를 떨고 아이들은 좋아하는 노래를 떼창했다. 파란 하늘과 흰 구름, 세상 모든 푸른 빛을 다 모아놓은 바다를 보며 신나게 달렸다.

아름다운 동부해안도로

동부해안도로는 하와이 오아후 섬에서 가장 감성적이고 아름다운 드라이브 코스이다.

와이키키에서 시작해 하나우마 베이를 지나 마카푸우, 카일루아, 쿠알로아 렌치를 잇는다. 북쪽으로 거북이 해변이라는 라니아케아 비치를 지나 오래된 마을 노스쇼어까지 닿는다. 이 코스는 바다와 산, 하늘이 하나로 어우러져 아름답다.

코로나로 외부 출입이 제한될 때도 이 길은 우리에게 열려 있었다. 답답해서 속이 터질 것 같은 날이면 이 길을 달렸다. 그러고 나면 신기하게도 마음이 가라앉고 다시 하루를 살아낼 용기가 생겼다.

마음의 친구

이 도로를 지날 때마다 그녀가 생각난다.

그녀는 둘째 아이 같은 반 친구 엄마였다. 언어도 문화도 낯설었던 나에게 그녀는 먼저 손을 내밀었다.

"안녕하세요? 저 대니얼 엄마예요."

학교 행사날, 머뭇거리던 나를 향해 그녀가 다가왔다. 안 그래도 고맙다는 인사를 하고 싶었다. 대니얼은 영어가 서툰 둘째 아이를 많이 도왔다. 성별도 다른데다 귀찮을 수도 있었는데 세심하게 신경을 썼다. 대니얼 덕분에 아이는 학교에 금방 적응했다.

"아이가 인기가 많고 잘한다고 하더라고요. 별로 도울 일도 없다고 하던데요?"

아이만큼 다정한 그녀였다. 고맙다는 인사에 오히려 한국 친구가 생겨서 더 반갑다고 미소 지었다.

그녀 가족도 겨우 이민 3년차였다. 그녀 가족 역시 고단한 시기였으리라. 그럼에도 우리에게 마음을 내주었다. 하와이 생활 내내 변하지 않는 우정으로 나와 아이들을 챙겼다. 다른 어떤 이해관계도 없었다. 그저 마음으로 대했다.

우리가 함께한 시간

그녀 부부는 가게를 운영하기에 무척 바빴다. 하지만 토요일 오전만큼은 아이들끼리 공부시킨다는 핑계로 항상 만났다. 커피를 마시러 가기도 했고 영화를 보러 가기도 했다. 아이들도 엄마들도 외롭던 그때, 우리는 제일 가까운 친구였고 때론 가족이었다.

드라이브 가는 날

생일이나 방학처럼 특별한 날에는 엄마 둘과 아이 셋이 드라이브를 떠났다. 목적지는 동부해안도로 코스에서도 '카일루아' 동네였다. 카일루아는 그녀 가족이 하와이에 처음 정착한 곳이었다.

카일루아는 오바마 전 대통령이 머물던 조용하고 아름다운 해안 마을이다. 번잡함과 거리가 먼 곳, 현지인이 사랑하는 휴양지이다. 시간도 바람도 느릿하게 흐르는 시골 마을 카일루아. 그녀 덕분에 관광객으로서는 지나쳐 버릴 그곳을 알게 되었다.

집에서 나서면 약 40분 뒤 '부츠 앤 키모스'라는 브런치 식당에 도착했다. 온라인으로 미리 주문한 도시락을 받아 들고, 초록 잔디와 옥빛 투명한 바다가 어우러진 카일루아 비치 공원에 돗자리를 펼쳤다. 공원은 라니카이 해변과도 연결되어 있다. 오바마가 좋아해 더 유명해진 해변이다. 하와이어로 '천국의 바다'라는 뜻인 만큼, 와이키키와 또 다른 투명한 바다색을 감상할 수 있다.

바다를 바라보며 도시락을 먹으면 천국이 따로 없다. 간혹 바닷바람에 모래가 날아오기도 했다. 우리는 모래 섞인 도시락도 재미있다며 깔깔 웃었다. 눈까지 뻑뻑할 만큼 바람이 불어오면 자리를 정리하고 동네 스타벅스로 달렸다. 야외 테이블에 앉아 케이크를 꺼내 생일 축하 노래를 부르기도 했다. 웃고 떠드는 시간. 아이들은 오누이 같고 '이모'는 엄마 같았다.

쉼이 머무는 사람

그녀는 화려한 와이키키보다 마음이 포근한 카일루아를 닮았다. 때로는 해안도로 코스에서 유명한 하나우마 베이, 마카푸우, 할로나 블로우홀 보다 더 아름답다. 자세히 보지 않으면 놓칠 수도 있다. 하지만 한번 알면 꼭 들를 수밖에 없는 카일루아 같은 사람이다. '쉼'이 머무는 사람이다. 그녀 곁에 있으면 마음이 편안해졌다.

지란지교 향기처럼

"언니를 만나고 오니 힘이 나서, 집안 대청소를 했지 뭐예요."

그녀는 내가 더 감사한데도 고마워했다. 안 지 몇 년 되지 않았지만 오랜 친구 같았다. 서로의 삶에 무리하게 기대거나 부담이 되지 않으면서도 힘이 되는 우정이었다.

어쩌면 그녀는 내 인생 마지막 지란지교일지도 모른다.

속을 터놓고 이야기할 수 있는 사람
다른 어떤 이해관계 없이
그저 마음으로만 만나지는 사람
마주 앉아 국수를 먹어도
한없이 따뜻해지는 사람

나도 그런 사람이 되고 싶다
지란지교(芝蘭之交)의 향기를 나누는
그런 친구 하나 있었으면 좋겠다.

- 도종환 《지란지교를 꿈꾸며》

코로나 속 크리스마스, 귀인이 찾아왔다
함께여서 견딜 수 있었던, 연말 이야기

코로나 때문에 우울한 연말이 될 뻔했다. 전 세계는 여전히 코로나의 긴 터널 속에 갇혀 있었다. 유학생을 본국으로 돌려보낸다는 뉴스가 흘러나오고, 물가는 치솟았다. 환율까지 오르며 생활비 부담은 두 배로 늘었다. 마음만큼 생활도 팍팍해졌다.

생활비는 필요할 때마다 조금씩 환전했다. 신랑은 한국에서 보일러비를 아낀다며 전기장판 하나로 겨울을 났다. 설상가상으로 첫째 아이는 사춘기를 맞았다. 모든 게 변했고 혼란스러웠다.

'이쯤에서 그만두고 한국으로 돌아갈까?'

이 시기에는 몇 번이나 돌아가는 비행기표를 검색하다가 창을 닫았다.

반가운 소식

대학 기말고사 기간, 아이들이 집안일을 도와준 덕분에 겨우겨우 버티고 있었다.

그런데 친구처럼 지내던 선배 언니가 하와이로 온다는 것이다. 아이들 나이도 비슷하고, 같은 미국 유학 생활을 겪으며 서로 의지하던 사이였다. 신랑 없이 맞이하는 쓸쓸한 연말, 언니의 방문은 천군만마를 얻는 기분이었다.

하지만 코로나 속 언니의 방문이 순탄치만은 않았다.

하와이로 떠나기 전, 72시간 이내에 받은 코로나 검사 결과가 필요했다. 가족 중 단 한 명이라도 양성이면 출발할 수 없었다. 검사 결과가 나올 때까지 안심할 수 없었다. 출발 전날, 해가 지고 나서야 겨우 음성 판정 소식을 들을 수 있었다.

언니가 살던 곳은 미국 북쪽, 캐나다 국경 근처였다. 하필 밤새 폭설이 내렸다. 우버도 택시도 잡히지 않았다. 결국 언니는 눈 덮인 새벽길을 직접 운전해 공항에 도착했다. 경유지를 거쳐 꼬박 12시간 만에 드디어 하와이에 도착했다.

감동의 웰컴 푸드

처음 며칠은 아는 분 콘도에 머물기로 했다. 콘도 창밖에 정면으로 바다가 보였다. 개인 셰프로 활동하시는데, 우리에게 랍스터, 스테이크, 마이타이 칵테일을 준비해 주셨다. 내게는 하와이 최고의 고급 요리였다. 두 유학생 엄마는 감동할 수밖에 없었다.

아이들과 소란스러운 하루

새벽에는 밖이 보이지 않을 만큼 비가 쏟아졌다. 하지만 아침에는 언제 그랬냐는 듯 말짱히 개었다. 하와이다운 날씨였다. 콘도에서 내려다본 커다란 무지개가 바다까지 드리우며 언니를 반겼다.

아이들을 숙소 수영장에 들여보내고 이것저것 챙기느라 집에 잠시 들렀다. 도착하자마자 울리는 전화벨. 아이들이었다. 물이 차가워 놀 수가 없다며 당장 와달라고 했다. 급히 숙소로 오느라 집에서 챙기려던 이불과 김치를 깜빡할 정도로 정신이 없었다.

아이들에게 영화를 틀어주고 나서야 엄마들은 겨우 숨을 돌렸다. 우리는 달빛이 비치는 바다를 바라보며 맥주를 마셨다. 집에서 가져온 크리스마스트리가 분위기를 더했다. 언니와 나, 시험으로 바쁘고 코로나로 힘들었던 만큼 그 정도 누릴 자격이 있었다.

노스쇼어 여행

일요일에는 돌 파인애플 농장과 노스쇼어로 향했다. 하와이 대표 바비큐 요리인 '훌리훌리 치킨'이 주말에만 팔기 때문이다.

'훌리Huli'는 하와이 말로 '뒤집다'는 뜻인데 긴 꼬챙이에 닭고기를 줄지어 꿰고 숯불 위에서 굽는 음식이다. 아이들은 연기 속에 치킨이 빙글빙글 구워지는 와중에도 그 옆에서 무심하게 돌아다니는 야생 닭을 보며 경악했다. 그러면서 또 치킨은 맛있다는 모습이 아이다웠다.

하와이 3대 버거인 쿠아아이나 버거도 맛보고, 벌에 쫓겨 다니며 마츠모토 아이스 쉐이브도 먹었다. 지오반니 새우트럭에서 마늘과

버터 새우를 잔뜩 먹고 배를 두드리기도 했다.

돌 파인애플 농장에서는 아이스크림을 먹고 기차를 타고 미로를 헤맸다. 농장 기념품 샵에서는 진주 조개 체험 행사를 했다. 둘째 아이가 고른 진주에서 알이 2개나 나왔다. 점원은 축하한다며 펜던트 제작비로 개당 50불이 든다고 했다. 아이가 엄마 생일 선물이라고 하니 거절을 못했다. 얼떨결에 아이와 나 똑같은 목걸이 메달이 생겼다.

라니아케아 비치에서 거북이를 못 봐서 아쉬웠지만 와이메아 비치에서 높은 겨울 파도를 보며 노을을 감상했다.

달라도 너무 달라

"이모, 어제 간 곳(노스쇼어)보다 약하고 오늘 간 곳(알라모아나 비치)보다 센 파도는 어디 있어요?"

언니네 아이들이 물었다. 남자아이 둘만 키우는 언니네, 딸만 둘인 우리 집. 다른 점이 많았다. 우리가 자주 가던 해변 파도는 심심하다고 했다. 궁리 끝에 카할라 호텔 비치에 갔더니 다행히 만족했다. 호텔 식당에서 튀긴 아히 무스비를 포장하고, 수영장 옆 식당에서 햄버거와 칵테일 두 잔을 시켰다. 그러면 호텔에 4시간 무료로 주차하며 바다에서 실컷 놀 수 있었다. 호캉스 기분을 냈다.

아이들끼리 오해로 싸우거나 울기도 했다. 엄마들이 중간에서 눈치 볼 때도 있었다. 하지만 해리포터 코딱지 맛 젤리를 나누며 화해하고, 베스킨라빈스 아이스크림 하나로 분위기가 누그러졌다. '화성인'과 '금성인'만큼 차이 나는 아이들이 서로 알아가는 방식이 다채로웠다.

다른만큼 재미있기도 했다. 남자아이들은 확실히 재미있는 활동이 필요했다. 여자 셋이 살면서 못했던 것들을 언니 가족과 함께 했다.

매일 수영장이나 바다에서 놀았다. 서핑도 배우고 '웻 앤 와일드'라는 워터 파크에도 갔다. 홀푸드와 다이소에서 일회용 크리스마스 접시와 컵, 진저 브래드 케이크를 사서 크리스마스 분위기를 냈다. 가위바위보로 순서를 정해서 선물을 고르는 '양키 스왑' 놀이도 했다. 언니네 첫째는 달걀볶음밥을, 우리집 둘째는 떡볶이와 투움바 파스타를 요리해서 나누어 먹기도 하며 정을 쌓았다.

언니의 생일 상차림

내 생일 아침이었다. 언니가 분주하게 생일상을 준비했다. 언니네 둘째 아들이 옆에서 마늘을 깠다. 마늘이 듬뿍 들어간 잡채와 미역국은 정성이 느껴지는 맛이었다.

오늘은 언니가 다 산다며, 저녁에도 내가 제일 좋아하는 식당에 갔다. 코로나로 다섯 명 이상 앉을 수 없어 두 가족이 떨어져 앉았지만, 따로 또 같이 즐거운 생일파티를 했다.

힘들어도 기억에 남는 순간

두 번째 방문 만에 겨우 입장한 하나우마 베이에서는 또 땡볕 아래 줄을 서야 했고, 크리스마스 아침엔 한 시간을 걷고도 한 시간 더 기다려서야 밥을 먹을 수 있었다. 애써 고른 크록스 지비츠를 잃어버리 거나, 수영장 바로 앞에서 차가 방전돼 황당했던 순간도 있었다.

하지만 시청 앞 크리스마스 시티라이트에서 마스크 쓴 커다란 산타 할아버지와 할머니 조형물을 보며 한참 웃었고, 맥 앤 치즈와 계란초밥만으로도 세상 다 가진 듯 행복해하던 언니 둘째 아이 얼굴을 잊을 수 없다. 코올라니 해변에서 세상에서 가장 아름다운 노을을 봤다고 할 때는 괜히 가슴이 뭉클했다.

아이들 때문에 신경은 쓰였어도 매일 맥주, 와인, 칵테일을 나누어 마시던 엄마들의 시간은 소중했다.

가까워 다 아는 사이

우리는 방학마다 언니가 사는 지역을 방문하거나 텍사스, 보스턴을 함께 여행했다.

언니와 가장 가까운 사이였기에 아이들의 못난 모습까지도 지켜볼 수 있었다. 속 좁게 언니네 아이들에게 서운해서 혼내기도 했다.

그래도 엄마끼리 섭섭하지 않았던 이유는 내 아이 같았기 때문이다. 때로는 엄마 이상으로 달래고 편을 들어주었기 때문이다. 지금은 아직 어려 모를 수 있지만, 엄마들만큼 훌륭하게 자랄 녀석들임을 믿기 때문이다.

잔소리

이제 훌쩍 커버려 사춘기 문턱을 넘어선 아이들. 다시 함께할 날이 언제일지 몰라도 고생하며 여행했던 추억은 마음속에 고스란히 남았다.

엄마로서 작은 바람은, 모든 사람이 나 같지 않을 수 있다는 걸 알고, 다르다는 것이 틀린 게 아니라는 걸 이해하며, 배려는 지는 것이 아니라 함께 가는 방법이라는 걸 이해하는 것이다. 공부나 좋은 대학보다 더 중요한 이런 삶의 지혜를 아이들이 배우길 바란다.

마지막으로 해 주고 싶은 말은, 엄마들도 너희가 고생했다는 걸 잘 알고 있다는 것, 그 고생 속에서 인생의 소중한 무언가를 배웠기를, 그리고 엄마의 유학길 역시 쉽지 않은 길이었음을 이해해주었으면 하는 거다. 부모의 마음은 같단다. 아이가 행복하기를 바라는 마음.

언니와 나, 한국으로 돌아가 다시 적응할 아이들 걱정에 이 길이 과연 맞나 싶을 때도 있었지. 그럼에도 아이들과 함께 할 시간이 절대적으로 부족했던 직장맘으로서 최선의 선택이었어. 비록 공부나 성적에 큰 도움이 되지 않는다 해도 아이들과 교류하며 시야를 넓혀 준 값진 시간임을 잊지 말자.

엄마도 사람이라 듣기 싫은 잔소리를 쏟아내지만, 이 시간도 지나가면 추억이 될 거야. 함께 견뎌낸 만큼, 앞으로 아이들에게 닥칠 힘든 어려움도 잘 이겨내리라 믿자.

"우리 정말, 대단했어."

코로나 뚫고 할매, 할배 날다
부모님이 하와이에 오시다

"아니 안 보이시네, 대체 어디 계시다는 거야?"

부모님은 이미 한 시간 전에 공항에 도착하셨다. 그런데 보이지 않았다. 로밍도 하셨다는데 전화도 카카오톡도 반응이 없다. 괜히 한국에 있는 신랑에게 화풀이를 했다. 낯선 땅에서 두 분이 헤매고 있을 생각으로 애가 탔다.

한참 뒤, 신랑이 아버지와 전화 통화가 돼서 계신 곳 사진을 받았다. 공항을 몇 바퀴 돌아도 안 보였는데, 도로 안쪽 벤치에 앉아 계셨다.

"엄마, 아빠!"

손 흔드는 딸을 발견하고 나서야 두 분 얼굴에도 미소가 번졌다. 준비한 레이를 걸어드리니 양손으로 미리 연습한 하와이 인사, 샤카를 날리셨다.

생각보다 쉬웠던 입국 심사

부모님 오시기 이틀 전까지 기말고사와 프레젠테이션 발표가 있었다. 시험이 끝나자 하루 만에 청소, 장보기, 주유까지 마쳤다. 복잡한 머릿속과 집안 살림이 겨우 정리되었다. 부모님이 오신다니 신이 나서 힘든 줄도 몰랐다.

코로나가 끝나지 않아 부모님이 준비해야 할 출입국 절차가 복잡했다. 백신 확인증부터 여러 서류까지 빠뜨리지 않게 알려드리고, 입국심사 유튜브 영상과 예상 문답도 한국어 발음을 써서 보내드렸다.

그래서였을까. 아버지는 "하우 롱~?(얼마나 오래 지내나요?)"이라는 질문에 자신 있게 "투 윅스!(이 주일!)"라고 대답하셨고, 심지어 입국장에서 헤매는 다른 할머니까지 도와드렸다며 자랑하셨다. 다른 사람 없이 처음으로 나선 두 분 만의 해외여행. 걱정 반 기대 반으로 준비했는데, 우리 아빠 자랑에 대단하시다고 칭찬해 드렸다.

첫날부터 완벽한 시차 적응

두 분은 도착 첫날부터 에너지가 넘쳤다. 낮잠도 필요없다고 하셨다.

복잡한 와이키키 시내를 지나 조용한 해변으로 향했다. 먼바다에 서핑하는 사람 몇 명과 해변을 거니는 관광객 몇 명뿐이었다. 바닷바람이 시원하게 불어왔다.

아이들 마치는 시간이 되어 학교로 나섰다. 아이들과 동네 쉐이브 아이스 가게에 들렀다. 오랜만에 만난 손녀와 장난을 치며 쉐이브 아이스를 한 입 드셨다. 차가움에 몸서리치는 모습이 천진난만한 아이 같았다.

석양을 보기 위해 탄탈루스 전망대로 향했는데 갑자기 소나기가 내렸다. 허둥지둥 전망대까지 뛰었는데 금방 비가 그치고 쌍무지개가 나타났다.

"얼마 만에 보는 무지개냐!"

집으로 돌아와 딸의 솜씨 없는 밥상도 맛있게 드시고 "우리 딸 음식 솜씨가 많이 늘었네."라며 칭찬하셨다. 집 안으로 불어오는 바람이 시원하다며 하와이 맥주를 드시고는, 수다쟁이 손녀들과 밤늦게까지 이야기꽃을 피웠다.

나도 그들의 아이

하와이에 몇 년을 살면서도 해변에서 바비큐를 못 해봤다. 젊은 시절 캠핑을 좋아하던 부모님이 오셔서 같이 해볼 용기가 생겼다.

처음이라 불붙이는 것조차 서툴렀다. 아버지가 "이건 내가 전문이지."라며 나섰고, 엄마도 집게를 집어 들었다. 두 분이 손발을 맞추자 금방 맛난 바비큐가 완성되었다.

여든을 바라보는 부모님을 보살펴야겠다는 생각뿐이었는데, 그 순간 깨달았다. 나는 여전히 그들의 아이였다. 든든하게 내 곁에 두 분이 계시다는 사실이 감사했다. 아이들도 '할배, 할매'의 경상도 사투리에 재미있어 깔깔 웃었다. 삼대가 즐거운 시간이 행복했다.

부모님을 위한 여행

부모님은 바다보다 산을 좋아하셨다. 아무리 하와이 바다가 좋다지만 딸을 보러 오셨을 뿐, 다른 관광객들과 다른 일정이 필요했다.

먼저 마노아 폭포 등산로에 들렀다. 영화 아바타에 나올 것 같은 원시림이 속내를 드러냈다. 이름 모를 꽃과 커다란 고사리가 신기하다며 한참 구경하셨다. 땀이 살짝 나는 가벼운 산행을 마치고 근처 맛집과 숲속 카페에 들렀다.

몇 군데 식물원에도 들렀지만, 특별한 경험은 북쪽 노스쇼어 근처에 있는 '와이메아 밸리 문 워크'였다. 여름에 한시적으로 개장하는 야간 산행이었다. 가로등도 없이 달빛이 비추는 산길, 두 팀으로 나누어 조용히 각자 발소리에 집중하며 조심히 걸었다. 처음 듣는 새와 동물 울음소리, 조금 오싹하면서도 자연과 연결되는 새롭고 신비로운 경험이었다.

코로나로 수년간 미뤄졌던 하와이 여행. 부모님은 긴 기다림 끝에 내가 가장 익숙한 시기, 가장 아름다운 계절에 하와이에 오셨다. 내가 아는 가장 좋은 것만 보여드리고 나눌 수 있었던 시간. 완벽한 순간을 부모님과 함께할 수 있어 좋았다.

부모님 여행의 절정, 마우이섬
새롭고 소중한 여행의 기억

"마우이나 빅아일랜드도 한번 가보고 싶네."

부모님 여행을 준비하던 중, 아버지 한 마디에 정신이 번쩍 들었다. 역시 우리 아버지다. 하와이 오시기 전부터 유튜브와 블로그를 뒤지며 가고 싶은 곳을 정리하셨단다. 팔순이 다 되어가는 연세에도 여전히 여행 준비에 철저하셨다. 나는 아버지를 닮았지만, 아버지는 늘 한 수 위다. 놀라운 정보력에 허를 찔린 기분이었다.

이미 아이들과 빅아일랜드는 두 번이나 다녀왔던 터라, 우리도 아직 가보지 않은 마우이섬에 가기로 했다. 한인 도서관에서 마우이 여행책을 빌려 처음부터 끝까지 읽었다. 3일 일정에 맞춰 꼭 가보고 싶은 세 곳을 결정했다. 자세한 최신 정보는 블로그나 유튜브에서 얻었다.

해가 지는 하늘, 할레아칼라

마우이에 도착한 첫날, 공항에서 렌트카를 픽업하고 마트에서 간식과 물을 산 뒤 바로 할레아칼라로 향했다. 해발 3,000미터, 마우이섬을 대표하는 국립공원이다. 새벽 3시에 출발해서 보는 일출이 장관이라지만, 낯선 산간 도로를 새벽에 운전할 용기가 나지 않았다. 대신 일몰을 선택했다.

차가 하늘을 향해 끝없이 올라가는 것을 보며, 낮에 출발한 것이 신의 한 수였음을 알게 되었다. 흔한 난간도 없는 가파른 도로, 바로 옆은 낭떠러지였다. 가족들은 구름 위를 떠다니는 신선이 된 양 탄성을 질렀지만 운전하는 내 손에는 땀이 흥건했다.

서너 시간을 차를 타고 올라 정상에 다다랐다. 산 정상에는 이미 석양을 기다리는 사람들로 가득했다. 차에서 내리자, 작고 붉은 해가 구름에 몸을 숨기듯 빠르게 사라지고 있었다. 빛이 완전히 사라질 때까지 사진을 찍고 또 찍었다.

숙소에 돌아와서 집에서 가져온 김치와 라면, 맥주로 하루를 마무리했다. 그 음식 조합은 항상 꿀맛이었다.

두 가지 다른 의미의 천국, 하나로드

둘째 날은 하나로드로 향했다. '천국으로 가는 길'이라는 이름답게 해안 절경이 끝없이 펼쳐졌다. 하지만 그 아름다움 이면에 위험이 도사리고 있었다. 차 두 대가 지나갈 수 없을 정도로 좁고 아슬아슬한 커브길, 반사경도 없이 굽이친 길이 곳곳에 숨어 있었다. 휴대폰 데이터도 끊어져 구글 지도에 나타나는 작은 점에 의지해 앞으로 나아갔다. 진짜 천국행이 될까 봐 신경이 곤두섰다. 전날 방문한 할레아칼라로 가는 길은 편안한 길이었다.

그래도 역시 천국은 천국이었다. 오아후섬 동부 해안도로에 비할 바가 아니었다. 하나로드는 아름답지만 거칠고 매혹적인 자연 그 자체였다. 숲을 지나 바다가 나오고, 다시 깊은 계곡이 등장하는 다양한 자연의 향연이었다.

하나로드 끝자락에 있는 '훌리훌리 치킨' 식당을 발견하자 갑자기 속세로 내려온 기분이었다. 휴대전화 신호도 잡혔다. 아침부터 저녁까지 꼬박 8시간을 운전했던 하나로드. 다시 갈 자신은 없지만 한 번은 꼭 가야할 곳이었다.

거북이와 조우한 카아나팔리 블랙락 비치

마우이 여행 마지막 일정은 서쪽의 카아나팔리 비치였다. 와이키키보다 훨씬 더 넓고 평화로운 해변은 내가 본 가장 아름다운 해변이었다. 눈부신 하얀 백사장이 끝도 없이 펼쳐졌고, 맞닿은 투명하고 푸른 바다, 해변 끝 검은 용암 절벽(블랙락)은 말로 설명할 수 없는 장관이었다.

블랙락은 전사의 영혼이 조상들과 만나기 위해 뛰어들었다는 전설이 있는 신성한 곳으로, 전사처럼 바다로 뛰어내리려는 사람들이 줄지어 있었다.

오아후 섬 해변에서는 거북이를 보기 어려웠는데 블랙락 비치에는 거북이가 많았다. 사람들은 거북이와 스노클링을 했다. 나도 물속에 얼굴을 집어넣는 순간 거북이가 방향을 틀어 나에게 돌진했다. 깜짝 놀라 얼굴을 들고 도망쳤지만, 그 순간조차 황홀했다.

렌트카를 반납하러 가는 길, 마우이답게 느릿느릿 움직이는 여행버스 때문에 겨우 시간 맞춰 도착했다. 공항에 있는 식당에서 한숨을 돌리고 칵테일 한 잔으로 마우이 여행을 마무리했다.

헤어짐

마우이 일정을 마치고 이틀 후 부모님은 한국으로 떠나셨다.

공항에서 입국 서류를 대신 입력하며 웃어 보였지만, 두 분이 활짝 웃으며 출국장으로 걸어가는 뒷모습이 아쉬워 울컥했다.

남들처럼 고급 호텔에 묵은 것도 아니었다. 비싼 스테이크도 대접 못 했다. 심지어 부모님은 그런 것을 원하지도 않으셨다. 그저 해변 나무 그늘 아래 돗자리를 깔고 앉아 도시락을 먹는 것, 산과 바다 풍경을 보는 것, 아이들의 학교 공연과 발표회에 참여하고, 우리가 어떻게 살아가는지를 볼 수 있는 것만으로 행복해 하셨다.

부모님과 함께하는 이번 여행은 새로웠다. 부모님 건강이 예전만 못해서 아쉬웠지만, 그래도 건강하실 때 하와이에 오셔서 감사했다.

"와주셔서 고마워요, 엄마, 아빠."

마지막까지 놓치고 싶지 않았던 순간들, 함께 했던 하루가 소중했다.

현지인이 사랑하는 알라모아나 비치파크

시끌벅적 그녀들이 왔다
9인의 하와이 여행기

부모님이 떠나시고 이틀 뒤, 한국에서 반가운 얼굴들이 도착했다.

"언니, 우리 때문에 고생할 거니까."

그녀들은 도착하자마자 금일봉을 내놓았다. 거절해도 주머니에 구겨 넣을 것을 알기에 고맙게 받았다. 미안하면서도 기분이 좋았다. 부탁한 고무장갑이며 먹거리 외에도 라면, 반찬까지 싸 들고 왔다. 이만하면 가족이다.

"언니 집에서 며칠만 묵으면 안 돼요?"

여행 계획을 세우면서 동생 같은 지인이 애교 섞인 부탁을 했다. 엄마 둘과 사춘기 아이 넷. 우리까지 아홉 명이다.

방 하나, 거실 하나뿐인 우리 집. 화장실도 하나였다. 17평도 안 되는 우리 집에 모두 묵어도 괜찮을까? 내가 힘들면 호텔로 간다면서도 우리 집에 오고 싶은 눈치다.

호텔은 비싸고, 수영복 빨래도 문제다. 나는 이미 마음의 준비를 마쳤다. 다만, 사춘기 아이들이 변수였다.

찰떡궁합 우리

아이들 어릴 때 제주도 여행을 갔던 적이 있었다. 그때도 신랑 한 명 없이 손발이 척척 맞았다. 누가 말한 것도 아닌데 각자 아이 씻기고, 밥하고, 놀아주었다. 전생에 가족이었나 싶을 만큼 자연스러운 호흡이었다.

다행히 십여 년이 지난 하와이에서도 마찬가지였다. 아홉 명이 좁은 공간에 있었지만 큰 소리 한번 없었다. 화장실 하나로도 불편하지 않았다. 맞물린 톱니바퀴처럼 잘 돌아가는 모습이 신기했다.

사랑스러운 사춘기

"이모, 배고파요!"

가장 무서우면서도 반가운 말이었다. 잘 놀고 잘 먹었다.

사춘기라더니, 엄마에게는 렌즈 찾아 달라, 옷 갖다 달라 성가시게 굴면서도 서로 챙기는 모습이 다정했다. 남자아이 하나였는데 아이들이 더 챙겼다. 아이들은 거실에 어깨를 맞대고 나란히 누워 웃음이 끊이지 않았다. 마치 흥부네 아이들처럼 빼곡히 잠든 모습이 사랑스러웠다.

엄마들도 만만치 않았다. 서로 말하지 않아도 척척 알아서 움직였다. 우렁각시가 따로 없었다.

"한국에도 이렇게 빨리 되는 세탁기랑 건조기 있으면 좋겠어. 언니 집 너무 좋아요."

호텔보다 우리 집이 낫다는 말에 흐뭇했다.

딸의 가이드

차는 한 대, 일행은 아홉. 반은 우버를 타고, 반은 내 차를 탔다. 우버에는 첫째 아이가 가이드로 따라갔다.

뒤늦게 도착한 우버 팀은 들떠 있었다. 여행객의 설렘이 기사 아저씨에게까지 전달되었다. 신이 난 아저씨가 음악 볼륨을 높이고 함께 춤추며 왔다며 딸이 상기되어 말했다.

그렇게 시작된 여행에서 딸은 든든한 안내자가 되었다. 아이들끼리 버스를 타고 알라모아나센터와 와이키키를 다녀왔다. 아이들은 점점 친해졌다. 호텔에서도 자기들만 묵겠다며 '엄마 없는 여행'에 도전했다. 엄마를 찾지 않고 조식도 먹고 수영도 즐겼다. 뭔가 허전하면서도 기특했다.

엄마를 위한 시간

아이들이 잘 지내서 엄마들에게도 시간이 주어졌.

아이들이 나가고, 집에서 커피를 내렸다. 한가하게 마시는 커피와

케이크 한 조각은 달콤했다. 아이들이 없는 시간, 커피숍도 가고 마사지도 받았다. 일본 선술집에서 간단한 요리와 사케, 맥주도 마셨다. 얼마 만에 친구들과 보내는 시간인지. 친구들 여행이 곧 나의 여행이었다.

아이들이 호텔에 머무는 날, 우리는 오랜만에 화장도 하고 예쁘게 차려입었다. 섬의 서쪽으로 드라이브 한 뒤, 라이브 음악을 들으며 맥주도 한 잔 했다.

그날 저녁, 친구들은 하와이에서 스테이크는 먹어 줘야 한다며 나를 이끌었다. 나도 하와이에서 스테이크집은 처음이었다. 고급 레스토랑에서 유머가 있는 나이 지긋한 분께 서빙을 받으며 근사한 저녁을 먹었다. 아이들과 신랑에게 미안했지만 그날만큼은 호사스럽고 싶었다.

우리는 오랜만에 자유로운 기분에 취했다. 잠시나마 아무 걱정 없이 누리는 시간이었다.

계획에 없던 선셋 크루즈

알로하 타워 앞에서 버스를 기다리다, 우연히 크루즈를 발견했다.

"배가 곧 떠나요! 전원 카마아이나 디스카운트(거주민 할인) 해드릴게요."

한국 케이팝을 좋아한다는 직원의 친근한 말투에 홀린 듯, 얼떨결에 탑승했다.

웰컴 드링크를 한 잔 마시고 선상에 앉았다. 배는 천천히 바람을 가르며 해를 향해 나아갔다. 해는 태평양 위로 천천히 가라앉았다. 붉은 노을이 수면 위로 길게 번지더니, 마침내 해가 사라졌다. 다시는 볼 수 없을 것처럼, 우리는 그 순간을 오래도록 바라보았다. 무심히 빨간 점을 마지막으로 숨어버린 태양과 달리, 빛은 오래 남아 우리와 함께 했다. 사람들이 아쉬워하는 걸 알기라도 하는 듯, 빛은 한참 동안 하늘을 물들였다. 붉게 물든 하늘과 푸른 바다 위에서 보낸 순간은 우리 여행의 하이라이트였다.

함께한 추억이 방울방울

아이들은 처음으로 서핑도 배우고, 수영장이 있는 콘도에서 묵기도 했다. 방학이라 여행을 간다며 빌려준 콘도에서 수영하며 바비큐를 했다. 관광객은 잘 모르는 근처 해변에서 재미있게 놀고 전망대에도 올랐다.

아이들에게 작은 사고도 있었다. 해파리에 스쳐 피부가 부어오르는가 하면, 배탈과 몸살이 나기도 했다. 우리나라로 떠나기 전날 밤, 호텔 수영장에서 두 아이가 미끄러져 무릎이 까지기도 했다. 에너지가 많았던 만큼 탈도 많았지만, 12일간의 여행은 무사하게 마쳤다. 12일간의 여행은 아이들도, 엄마들도 우정을 쌓기 충분한 시간이었다.

헤어짐은 또 다른 약속

"잘 가! 한국에서 보자."

공항에서 배웅하고 돌아선 우리. 북적이던 집이 다시 조용해졌다.
하지만 마음 한구석은 여운이 남아 여전히 시끌벅적했다. 하나도 안 힘들고 즐겁기만 했던 여행. 함께였기에 가능했고, 함께였기에 즐거웠다.

남기지 않고 떠나기
추억 정리

한국으로 돌아가는 날짜는 이미 정해져 있었다. 가을 학기가 시작되면서 조금씩 정리를 했다.

4년 묵은 살림이었다. 수많은 물건 위로 기억도 함께 쌓였다. 정착할 때와 반대로 하면 된다며 마음을 다독였다. 하지만 거꾸로 되돌리는 작업은 생각보다 훨씬 더디고 가볍지 않았다.

떠날 때는 하나도 남기지 않아야 했다. 그렇다고 함부로 버릴 수도 없었다. 하나하나 들여다보고 싶었다. 물건 정리는 지난 시간을 정리하는 일이자 이별의 과정이었다. 음식은 하나씩 꺼내어 요리하고, 물건은 나누거나 버리고, 짐은 포장하기를 반복했다. 나는 때로는 식당 주인, 때로는 청소부와 이삿짐센터 직원이 되었다.

아이 물건 정리

아이 물건은 직접 정리하게 했다. 추억 정리는 어른이나 아이나 힘들었다. 작아져 버린 옷과 신발조차 버리지 못하고 머뭇거렸다. 물건에는 아이들의 웃음과 행복이 스며들었으리라.

"잘 써줄 누군가에게 가는 거야."

기부하기도 하고 지인들에게 나누어 주며 아이들을 위로했다. 아쉬운 마음은 물건 사진으로 남겼다. 나눔은 이별을 덜 아프게 만드는 다정한 기술이었다.

나눔

지인에게도 필요 없는 물건은 한인 커뮤니티에 내놓았다. 나도 처음엔 그 카페 덕분에 저렴하게 살림을 마련했다. 물건을 사려는 알림이 쉴 새 없이 울렸다. 가져가는 분으로부터 좋은 물건을 싸게 줘서 고맙다는 인사를 들으며 서운함을 달랬다.

그래도 주인을 못 찾은 물건은 콘도 1층 상자에 두었다. 이웃끼리 나누도록 배려한 공간이었다. 우리는 종종 그곳에서 선물을 받았다. 누군가도 우리 물건을 기쁘게 사용하기를 바랐다. 그렇게 나눔은 돌고 돌았다.

코스트코의 배려

정리를 하다가 2년 전 코스트코에서 구입한 자동차 배터리 충전기를 발견했다. 한 번도 쓰지 못해 새 것이나 다름없는 충전기였다. 그런데 카페에 반의 반값으로 내놓아도 팔리지 않았다. 그러다 코스트코에서 환불 가능하다는 정보를 얻었다. 믿거나 말거나 어떤 사람은 다 먹고 조금 남은 과자도 환불받았다고 했다.

혹시 몰라 코스트코 환불 창구로 향했다. 영수증은 없었다. 직원은 제품 정보가 없는데 언제 구매했는지 물었다. 대략 날짜와 구매 장소를 알려주니 또 한참을 찾았다. 아무리 찾아도 정보가 없고 내 회원 카드 이력에도 나오지 않는다고 했다. 그때 선배 언니가 사다 준 기억이 나서 언니 정보를 알려줬다. 한참 뒤 매니저까지 나왔다. 인터내셔널 회원은 전산으로 확인이 안 된다며 미안해했다. 나는 일이 커지는 것 같아 곤란한 표정을 지었다.

"환불 해 드리려면 정확한 금액을 알아야 해서요. 걱정 말아요."

당연히 해야 할 일이라는 듯 웃으며 말하는 직원 모습이 고마웠다. 한참 뒤 직원은 비슷한 제품을 찾아냈다. 이전 가격보다 몇 불 싼 가격으로 환불 해줄 수밖에 없다며 괜찮은지 물었다. 금액은 중요치 않았다. 2년 전 구매한 물건이고 기록에도 없는 물건이었다. 환불보다 더 고마운 건 직원들의 친절과 정성이었다.

뜻밖의 인연

자동차 매매는 금액도 가장 크고 어려운 부분이었다. 출국 일자도 며칠 안 남아서 중고차 딜러를 통해 쉽게 정리하고 싶었다. 그런데 코로나 때문에 중고차 가격이 올랐다는 뉴스와 달리 매매 상사에서는 터무니없는 가격을 내놓았다.

할 수 없이 한인 커뮤니티에 직거래 광고를 올렸다. 연락해 온 사람은 뜻밖에도 내 블로그를 오래 봐왔다는 구독자였다. 그분은 출국 전날까지 차를 쓰도록 배려해 주고 마지막 날 공항 근처 호텔에도 태워주셨다. 지금은 하와이에서 복덩이 막내까지 출산하며 아이 셋과 건강한 하와이 생활을 즐기고 있다. 아이들이 하와이 구릿빛으로 영글어 가는 사진을 볼 때마다 내 일처럼 행복하다. 잠깐 만났어도 인연이 남아 연락을 이어가고 있다.

짐 싸기 테트리스

아무리 정리하고 버려도 짐이 많았다. 수하물 8개와 기내 캐리어, 개인 가방까지 이삿짐이 16개였다. 이민 가방에 물건을 테트리스 게임하듯 담았다. 출국 전날까지 밤새 가방을 손저울로 재고 물건을 덜어냈다.

드디어 출국 날. 공항 직원이 말했다.

"수하물 모두 무게 초과예요. 하나에 50달러씩 총 400달러 추가 요금이 발생했어요."

눈앞이 캄캄했다. 갑자기 표정이 어두웠던지 직원이 조용히 추가 요금 없이 부쳐주겠다고 말했다. 눈물이 왈칵 났다. 하와이는 마지막까지 우리를 배려했다.

수속을 다 밟고 비행기에 앉아 겨우 한숨을 돌리는데, 전화벨이 울렸다.

"이 물건들을 다 버리시는 건가요?"

방에 남겨둔 물건들 때문에 호텔에서 전화가 왔다. 미안하지만 어쩔 수 없었다. 그 전화를 마지막으로 우리는 하와이를 떠났다.

떠나며 아무것도 남기지 않겠다고 다짐했지만 너무 많이 남겼다. 마음도 물건도 인연까지도. 모든 순간을 고스란히 간직한 하와이가 비행기 창밖으로 점점 작아졌다.

'다시 돌아올 거야. 하와이에서 모든 순간을 다시 만날 거야.'

함께여서 고마웠습니다. 하와이.

졸업하러 하와이에 왔어요
카피올라니 대학 졸업식

"반갑다, 하와이! 내가 다시 왔어!"

멀리 구름에 덮힌 섬 끝자락이 보였다. 설레기보다 편안했다. 마치 한국에 다녀왔다 하와이로 돌아온 기분이었다.

가고 싶어

한국에 도착해 몇 시간 뒤 바로 출근했고, 새로운 업무를 맡았다.

일상이 정신없이 지나갔다. 직장에서 애를 썼던지, 퇴근하면 몸살처럼 아파 눕기부터 했다. 아이들과 신랑도 각자 학교와 직장 일로 바빠 얼굴 보기 어려웠다. 하와이를 그리워할 겨를도 없었다.

'내가 하와이에 살긴 했나?'

잊지 말라는 듯 대학교 졸업 행사 이메일이 도착했다.

머리로는 못 간다고 했다. 하와이에서 온 지 얼마나 되었다고, 복직한 지 얼마나 되었다고, 그깟 학위 받는 게 뭐 중요하다고. 비행기 값은 또 얼만데.

그런데 월요일부터 일요일까지 매일 출근하니 사는 것 같지 않았다. 졸업 핑계로 하와이에 다녀와야 살 것 같았다.

"졸업식에 가고 싶어."

간절하지만 단호하게 신랑에게 말했다. 지인이 집을 내주어 숙소비도 안 들었다. 일본 경유하는 비행기는 반값이었다.

졸업식에는 두 명을 데리고 갈 수 있었다. 첫째 아이는 기말시험 기간이라 갈 수 없어 입이 튀어 나왔다. 둘째 아이와 얼마 전 은퇴한 친구와 떠나기로 했다.

"이민 가냐?"

친구가 내 짐을 보고 깜짝 놀랐다.

'메이드 인 코리아' 라면이 그리운 친구들에게 나눠 줄 라면만 두 박스였다. 세관에 뺏길까봐 채소 맛으로만 골랐다.

신분 문제로 몇 년 동안 한국에 못 들어가는 지인에게 그리운 한국 과자와 김치 세 포기도 배달했다. 가을에 출산 예정인 미술 선생님께

기장미역, 동전육수, 명태포를 선물했다. 인연이 되어준 누구라도 줄 수 있게 넉넉하게 챙겼다. 받고 기뻐할 얼굴을 떠올리며 무거운 줄도 몰랐다. 그래서 이민 가방이 꽉 찼다.

도착하자마자 졸업 모자와 가운을 찾으러 학교에 갔다. 오랜만에 들르는 학교는 여전히 아름다웠다. 내려오는 길에 아이 친구들을 태웠다. 만나자마자 반가워 소리 지르는 친구들. 기다리는 친구가 있어 아이에게도 하와이는 늘 그리운 곳이다. 숙소에서 아이들은 수영하고, 나와 친구는 의자에 앉아 노을을 바라보았다. 한국에도 노을이 있음에도 불구하고 하와이에서 더 새삼스러웠다.

졸업식

졸업식 아침. 파란 학사모와 가운을 입고 공들여 화장을 했다.

친구와 아이는 객석에서 기다리고, 나는 입장을 위해 졸업생 줄에 섰다.

코로나 때문에 같이 공부하던 친구들은 모두 한국과 일본으로 떠났다. 이후 온라인 수업이 대부분이어서 친구 사귈 기회가 없었다. 졸업생들은 서로 이야기하느라 떠들썩한데 아는 친구가 없어 어색했다. 그래도 날 기다려주는 오랜 친구와 딸이 있어 힘을 냈다.

환영 박수를 받으며 졸업식장에 입장했다. 이어서 학장과 학생 대표가 연설을 했다. 그리고, 졸업생 한 명 한 명 이름을 불러 연단에 세우고 졸업장을 건넸다. 쏟아지는 박수에 감사의 인사를 하고 멋진

포즈를 취했다.

졸업식이 끝나고 밖에서 기다리던 지인을 만났다. 직장을 일찍 마치고 와준 언니는 레이와 꽃다발부터 건넸다. 함께 점심을 먹으며 묵혀 두었던 긴 이야기를 나눴다. 오랫동안 영주권을 받지 못해 고생했는데 곧 해결될 거라는 소식에 내 일처럼 기뻤다.

저녁에는 친구와 와인을 마시며 졸업을 축하했다. 공식적인 일정이 끝나자 피로가 몰려왔다. 이제 친구 하와이 여행을 재미있게 해줘야겠다며 눈을 감았다.

우리의 여행

다음 날은 주말이라 아이도 친구들과 약속이 있었다.

나는 하와이에서 가장 좋아하는 친구, 대니얼 엄마를 만났다. 한국에서 가장 좋아하는 친구까지 셋이서 수다를 떨었다. 결이 같은 사람이라 통하는지, 둘은 처음 보는 사이인데 대화가 끊이지 않았다. 한 시간쯤 됐나 싶어 시계를 봤는데, 세 시간이 훌쩍 지나있었다.

삼십 년 지기 내 친구는 와이켈레 아울렛에서도 자기 옷은 안 사고 신랑과 아이 옷만 샀다. 친구에게 퇴직 기념으로 가방을 사주겠다고 했더니 그렇게 밝게 웃을 수가 없었다. 사실 미리 생각하고 있었는데 친구는 졸업식 날 한국에서 사왔다며 가방을 건넸다. 친구끼리 선물도 똑같은 걸 고른다 싶어 웃기면서도 선수를 뺏긴 건 억울했다. 노란 꽃이 달린 하와이 한정판 가방에 행복해하는 모습이 만족스러웠다.

친구와 해안도로를 따라 섬 한바퀴를 돌았다. 늘 가던 코스대로 새우트럭과 쉐이브 아이스를 먹었다. 늘 오는 곳이라도 처음 가는 사람들과 가면 새로웠다.

친구는 거북이도 만났다. 나도 겨우 두 번 본 몽크씰까지 봤다. 친구가 운이 좋은 걸 보니 퇴직 후 인생에 좋은 일만 있을 것 같았다.

또 만나도 보고 싶다

"제인 할머니~~~~"

강아지 릴리가 먼저 알고는 짖으며 뛰쳐나왔다.

우리 살던 동네에 도착하자마자 제인 할머니 댁부터 찾아갔다.

"네가 왜 거기 서 있어!"

깜짝 놀란 할머니는 졸업하러 왔다는 말에 너무 반가워하셨다. 하지만 내일 떠난다는 말에 금방 아쉬워하셨다. 연세는 많으셔도 더 건강하고 젊어 보이셨다. 밝고 긍정적인 성격과 깨끗한 환경 덕분이리라.

동네 산책하다 만난 귀여운 릴리와 할머니. 선뜻 집으로 놀러 오라며 과자와 음료수를 내어주셨다. 강아지를 키우고 싶던 아이들은 릴리를 매일 보고 싶어 했고 할머니는 아이들을 이뻐하셨다. 할로윈데이에 할머니 댁에서 아이들에게 사탕을 나눠주기도 하고, 이사 나오기 전 집으로 초대해 저녁 식사도 함께 했다.

"지난 주 목요일에 집까지 왔는데 비가 너무 와서 못 들렀어요."

둘째 아이 키가 몇 개월 만에 너무 커서 또 놀라고 첫째를 못 봐서 아쉬워하셨다.

할머니께 한국 마스크팩을 선물하니, 전에 쓰던 것도 아직 쓰고 있는데 좋더라며 고마워하셨다. 마침 공항에서 '어머니 날' 행사로 만든 종이꽃도 드렸다. 하와이의 어머니 같은 제인 할머니, 다음에도 건강하게 뵐 날을 기약했다.

이제 또 언제 올지 모른다는 생각이었을까. 유학 마치고 나올 때보다 더 많은 사람을 만났다. 아이들을 예뻐하고 항상 도와줄 거 없냐고 묻던 매니저 할아버지와 할머니, 힘들 때 기운을 북돋워 주던 인생 스승 같은 샐리 언니, 비슷한 시기 하와이에 살면서 응원하던 보나와 써니, 두 명의 지나씨.

나는 인연이 감사해 선물을 준비했을 뿐인데, 그들은 꽃과 레이, 향수며 텀블러 등 졸업 선물을 건넸다. 출장이 취소되어 만나지 못한 빅아일랜드 친구는 코나커피를 항공편으로 보내왔다.

첫 할로윈데이에 아이들 선물을 주어 인연이 된 셀린 할머니, 내 피아노 실력을 칭찬하던 피아노 수업 제니스 할머니를 포함해 만나지 못했던 사람들도 모두, 하와이를 떠올릴 때마다 생각나고 그립다.

마지막 만찬

집까지 숙소로 내 주신 아이들 미술 선생님과 하와이 마지막 밤을 보냈다. 선생님과 뱃속의 아기, 남편 크리스, 그리고 둘째 아이의 친구들까지 함께 수영장에서 바비큐 파티를 열었다.

아이들 사춘기에 따뜻한 조언과 응원을 아끼지 않던, 아가씨 같던 선생님의 배가 조금 불러오는 게 신기했고, 곧 태어날 아기가 기대되었다. 크리스는 한국말 실력이 늘어 농담까지 했다. 마지막 밤, 좋은 사람들과 의미 있는 만찬을 보냈다.

떠나는 날
이른 아침 청소기를 돌리고 베갯잇과 수건을 세탁했다. 작은 사례에도 단호하게 고개를 저으시던 선생님께 아기와 꼭 한국에 오시라고 당부했다. 선생님은 아기 이름을 지어달라고 부탁했다. 한국과 미국 모두 사용할 수 있는 예쁜 여자 아기 이름을.

떠나기 전, 마지막으로 와이키키에 들렀다. 눈이 부시게 떠나기 완벽한 날씨였다. 그리고, 결이 같은 하와이에서 가장 좋아하는 친구를 한 번 더 보고 공항으로 향했다.

진짜 이별이었다. 살아본 사람만 알 수 있는 하와이의 달콤하고도 고달픈 날들, 하와이보다 더 아름다운 사람들과 진짜 이별이었다.

언제든 다시 올 수 있다는 걸 알기에, 이번에도 슬프지 않기로 했다.
열심히 살다가 조금 숨 고르고 싶어질 때, 옆집 놀러 가듯 문득 하와이로 올 것이다. 그때도 여전히그때도 여전히 이 바람과 햇살, 따뜻한 사람들이 나를 반겨주겠지.

그리운 하와이

우리의 이야기
가족 인터뷰

아빠의 이야기

1. 우리가 하와이 떠나던 날 어땠어?

    겉으로는 괜찮은 척했어. 걱정할까 봐 그랬고, 유학이 그렇게 길어질지도 몰랐지. 처음 잠깐은 괜찮은 줄 알았는데 실제로 괜찮은 게 아니었어. 점점 그리움이 깊어지더라.

2. 우리 없는 집에서 어떻게 지냈어? 적응하는 데 어려운 점은 없었어?

    반기는 사람이 없다는 거, 아무도 없는 집에 혼자 있다는 거, 좋은 소식을 함께 나눌 수 없다는 게 힘들었지. 간혹 잠들기 어려운 날에는 뜬눈으로 밤을 새기도 했단다. 무슨 소리라도 필요해 라디오를 많이 들었어.

3. 혼자 있을 때 가장 외로웠던 순간은 언제였어?

반갑고 기쁜 일이나 힘들고 어려운 상황을 나눌 가까운 가족이 없을 때야. 대화가 필요한데 들어줄 사람이 없고 일부러 말하지 않으면 집에 있는 동안, 특히 주말이나 휴일 내내 말 한 마디 못했다는 걸 알았을 때 외로웠어. 회사나 모임에서 왁자지껄하다가 집에 왔을 때, 명절에 친척을 만나고 집에 왔을 때 공허함이 더 컸단다.

4. 우리와 영상 통화할 때는 어땠어?

통화하는 것 자체로 재밌고 기쁘고 즐거웠어. 항상 기다리던 시간이고 그 시간이 소중했단다.

5. 우리 가족을 위해 혼자 남기로 결정한 건 잘했다고 생각해?

그때는 다른 방법이 없어서 선택했지만, 다시 그때로 돌아간다면 혼자 남지는 않을거야.

6. 떨어져 지내면서 우리에게 미안하거나 고마웠던 순간이 있었어?

가족 구성원으로서 아빠가 필요할 수 있는 순간들, 특히 힘이 필요하거나 곁에서 든든히 지켜야 했을 순간에 엄마 혼자 감당했을 때는 미안했어.

첫 여름휴가에 만났을 때 생각보다 학교와 하와이 생활에 잘 적응해서 고마웠고, 볼 때마다 훌쩍 커서 더 건강하고 똑똑해진 모습 보면서 고마웠어.

7. 혼자 있으면서 새로 생긴 취미나 루틴이 있었어?

혼자 있으면서 일찍 자고 일찍 일어나는 습관이 들었어. 오전 5시 반에 라디오 들으면서 잠을 깨서 아침 뉴스 보면서 출근 준비했단다. 퇴근하면 무조건 라디오부터 틀었어. '배철수의 음악캠프', '이상호의 드림팝'을 들으면서 저녁을 먹고, 때론 라디오를 벗 삼아 술잔도 기울이다 일찍 잠자리에 들었어.

주말에는 외로움을 떨치기 위해 자전거 타거나 달리기로 운동에 집중하려고 노력했어. 덕분에 400km 넘는 거리를 자전거로 이동하기도 하고, 전국 자전거길 종주도 도전했단다. 자전거로 제주도 일주했던 건 좋은 기억으로 남았네. 열심히 운동을 하다 보니 자연스럽게 살이 빠지고 건강해졌어.

8. 하와이에 있는 우리를 위해 했던 일 중 특별히 기억나는 일이 있어?

자전거를 타면서 알게 된 여행지에 대해서 많이 이야기해 준 것 같아. 그리고 보니 맛집 이야기는 덜했던 것 같아. 비밀은 아니었지만 한국의 맛이 그리워서 하와이 생활이 힘들까 봐.

9. 우리가 다시 만났을 때, 가장 좋았던 순간은 언제였어?

유학을 마치기 전, 하와이 생활을 정리하러 들어갈 때였어. 물건에 얽힌 이야기를 들으며 함께 정리했지. 그동안 어떻게 지냈는지 상상이 되더라. 앞으로 하와이가 많이 그립겠구나 싶고.

물론 한국에 같이 들어와서 더 이상 혼자가 아니라 너무 좋았지. 집에 와도 가족이 있고, 좋은 일, 기쁜 일 함께 나누는 것, 든든한 아빠 역할을 가까이서 할 수 있다는 것도.

10. 다시 그 시절로 돌아간다면, 아빠는 어떤 선택을 하고 싶어?

다시 돌아간다면 무조건 같이 갈 거야. 마지막으로 해주고 싶은 말은, 걱정이 무색할 만큼 씩씩하고 건강하게 잘 지내줘서, 그리고 지금 함께 해줘서 고마워.

첫째 아이의 이야기

1. 하와이에 처음 도착했을 때 기분이 어땠어? 첫인상이 기억나?

정확하게는 기억이 나지 않아. 하지만 낯선 기분이 전혀 안 들었고, 사람들이 친절했어. 자연환경도 좋았는데, 우리나라보다 공기가 훨씬 좋아서 기뻤어. 유학 오기 전, 여행으로 한번 왔을 때, 여행을 마치고 돌아가기 아쉽고 그리웠는데 또 오게 돼서 좋아. 편안하기도 하고 말야.

2. 하와이 학교 생활은 뭐가 가장 달랐어?

수업 분위기는 많이 달랐어. 하와이에서는 우리나라만큼 수업이 진지하지진 않았고 오히려 산만한 느낌도 들었어. 자유롭게 친구들과 의견을 나누고 소통한다는 방식은 좋았던 것 같아.

3. 학교 점심시간 메뉴는 뭐야?

하와이 학교에서 적응 안 된 건 점심 식사였어. 입맛에 안 맞기도 하고 한 끼 식사보다 간식 같았어. 나는 점심시간에는 적게 먹고 집에 가서 보충했어. 도시락을 싸 오는 친구는 별로 없었지만 도시락이 나왔을 거 같아. 최고 메뉴는 피자였는데 우리나라 피자와 많이 달라. 메뉴만 따지면 우리나라 학교가 그리웠지.

4. 주말이나 방학 때 가족이랑 보낸 시간 중 기억에 남는 여행지나 활동이 있다면?

나는 중학생일 때 한동안 밖에 나가기 싫었어. 그래도 한국에 돌아오기 전 반년 정도는 스노클링을 즐겼어. 특히 샥스 코브Sharks Cove나 하나우마 베이Hanauma Bay가 스노클링하기는 좋았어. 두 곳은 수영보다 스노클링 하는 사람들이 정말 많았는데, 한 가지 팁은 최대한 사람들이 없는 곳으로 가는 거야. 거기는 색다른 물고기들이 몰려 있어. 드라이브를 하고 해변가에서 브런치, 특히 마카다미아 팬케이크를 먹으며 피크닉을 했던 것도 재밌었어.

5. 하와이에서 살면서 불편하거나 힘들었던 점은 뭐였어?

하와이에서는 공립학교보다 사립학교에서 진지하게 공부할 수 있는 거 같아. 나는 그나마 학군이 괜찮은 고등학교에 갔지만 대부분 친구들은 열심히 안 하더라고. 나중에 내가 목표하는 대학교를 신청하려 보니까 하와이에서 소홀했던 부분이 조금은 아쉬워. 당시 우리 학교에는 군인 자녀들이 대부분이라 아이들이 자주 이동했어. 옛날부터 같이 살았던 동네 소꿉친구가 아니면 친한 친구를 사귀기에 한계가 있더라.

6. 하와이에서 배우거나 느낀 것 중에 가장 특별하고 기억에 남을 경험이 있다면?

나는 중학교 미술 수업이 가장 기억에 남아. 6, 7학년 때 좋은 미술 선생님을 만났어. 6학년 때는 열심히 했는데 7학년 때 코로나로 온라인 수업으로 바뀌었어. 그러다 보니 흥미도 떨어지고 약간 슬럼프가 왔는데, 그때 미술 선생님이 하셨던 말씀이 기억에 남아. 선생님은 나에게 창의성이 좋고 미술을 즐긴다고 칭찬을 많이 해주셨어. 그런데 7학년 때는 화려하지만 보기에만 예쁜 그림을 대충 그린다며 점수를 평소보다 낮게 주시더라. 그때는 화가 났는데, 선생님이 "네가 요즘 미술 스타일이 조금 바뀐 것 같아. 화려한 걸 그려도 좋지만 너의 특색을 살려서 옛날처럼 그리는 것도 좋은데..."라고 하셨어.

그 이후로 그림이나 어떤 일을 할 때, 화려한 겉모습보다 나의 방식을 생각하게 되었어. 평소에는 그런 말을 안하던 선생님이셨는데, 진심으로 하신 말씀 같아 기억에 남았어. 앞으로 건축을 전공할까 하는데, 여전히 도움이 되는 말씀 같아.

7. 영어가 처음엔 어땠어? 어려웠던 점이나 극복한 방법이 있었어?

나는 어렸을 때부터 영어를 좋아했어. 외국인 친구를 사귀거나 만나서 영어 대화하고 싶은 로망이 있었거든. 그러다 보니 영어 할 때 부족하다고 느낀 적은 없었어.

그런데 아무래도 발음은 원어민이 아니면 좀 어색한 부분이 있어서 가끔 실수할 때도 있어. 그때 친구들이 그걸 놀리거나 웃을 때는 기분이 좋지는 않았어.

초등학교 5학년 때, 짓궂은 남자아이가 책에 있는 단어를 가리키면서 읽어보라고 하더라. 주변에 다른 친구들은 읽지 말라고 말리고. 느낌이 안 좋아서 번역을 돌렸더니 안 좋은 단어였어. 그 자체도 기분 나빴지만 선생님께 영어로 구체적으로 상황을 설명을 못한 게 자신감도 떨어지고 속상했어. 그래서 영어를 더 열심히 하게 된 거 같아. 지금은 그런 상황이 와도 유연하게 대처할 수 있을 것 같아.

8. 그때는 몰랐지만, 지금 돌아보니 하와이에서 참 좋은 경험이었구나 싶은 게 있을까?

공부에 스트레스 안 받고 스스로 공부를 잘하고 싶다는 생각이들 때까지 마음 편하게 생활한 건 좋았어. 어렸을 때 그런 추억이 있다는 건 정말 소중한 것 같아.

9. 친구들은 어떻게 사귀었어? 기억나는 친구 이름이 있니?

중학교 8학년 때 새로 온 친구가 있었어. 내가 먼저 말을 걸어 친하게 되었지. 아직까지 연락을 주고 받고 있어. 그 친구는 엄마의 돌봄이 많이 부족했지만 굉장히 독립적이고 멋진 아이였어.

항상 사람에게 친절하고, 재밌고, 기분이 안 좋을 수 있는 상황에서도 좋은 기분을 유지하려고 노력했어. 자기 관리도 잘해서 아침에 30분을 운동 삼아 우리집까지 뛰어왔다가 함께 학교에 갔지. 지금도 혼자 아르바이트하며 돈을 모으고, 고등학교에서도 열심히 공부하고 있어. 대학 수업도 듣고 스포츠도 하면서 말이야. 도시락도 직접 싸서 다니고, 일찍 일어나서 하루를 이틀처럼 사는 친구야. 친구지만 존경스러워.

10. 만약 누군가 하와이로 유학을 간다면, 조언해주고 싶은 말이 있어?

그때는 노는 게 재미있었는데, 지금은 책을 많이 읽지 않아 후회해. 컴퓨터가 생긴 이후 책 읽는 시간이 많이 줄어 손해를 본 거 같아. 또, 친구는 내가 다가가서 사귀어야 해. 처음에는 호감으로 다가오지만 처음 본 친구라 그런 거야. 친구 관계를 이어가기 위해서는 내가 적극적으로 다가가야 해.

마지막으로, 하와이에 살면서 대학까지 고려한다면, 친구들과 재밌게 놀다가도 스스로 공부를 챙겨야 해.

둘째 아이의 이야기

1. 한국 생활과 제일 달랐던 점은?

내가 처음으로 문화 차이를 느낀 건, 미국에서 두 번째로 학교에 간 날이었다.

한국에서는 새 학기에 서로 다가가 말을 걸었다. 일단 친해지면 1년 내내 붙어 다니는 경우가 많다. 전학생이라고 다르지 않다.

그런데 미국에서는 첫날에만 관심을 보여주고 다음 날부터 내가 먼저 다가가야 한다. 유튜브에서 알았는데, 미국에서는 처음에 관심을 보이는 게 예의라고 한다.

그런 상황을 처음 겪었기 때문에 낯설고 이상하게 느껴졌다. 심지어 서운한 마음에 경계심도 생겼다. 그래서 혼자인 날도 있었지만, 결국에는 친구도 사귀고, 좋은 친구가 되었다.

아직까지도 정확한 이유는 모르겠지만, 미국 친구가 갑자기 선을 긋거나 거리를 둘 때가 있다면 '그냥 문화 차이일 뿐이야.'라고 생각하며 당황하지 말자. 그리고 언젠가는 나와 잘 맞는 친구들이 꼭 생긴다는 것도 잊지 말자!

2. 하와이 학교에 처음 간 날 기분은?

처음 학교에 간 날, 모든 것이 새롭고 신기했다. 다들 나처럼 어색해할 줄 알았는데, 알고 보니 반 친구들은 이미 한 학기를 함께 보낸 사이였다.

첫날 아침, 아빠와 카운슬러 선생님이 나를 반 교실까지 데려다주셨다. 두 분이 가시고, 제일 먼저 나에게 말을 건 사람은 한국인 친구였다. 반 배정을 받을 때 한국 친구가 있는 반으로 선택하길 잘 했다. 그 친구가 없었다면 나는 진짜 고생했을 것이다.

첫 수업은 수학이었다. 그 친구는 한국어로 "곱셈 할 줄 알아?"라고 물었다. 2학년 때 이미 곱셈을 배웠던 나는 3학년 2학기에 배우기 시작한다는 것이 신기했다.

쉬는 시간에는 같은 반 친구들뿐 아니라 다른 반 친구들까지 나에게 말을 걸어주었고, 덕분에 첫날은 생각보다 훨씬 무사히, 따뜻하게 지나갔다.

3. 그때는 몰랐지만 돌아와 보니 참 좋은 경험이었던 것은?

가족과 함께 보내는 시간이었다.

하와이에 있을 때 엄마가 일을 하지 않으셨고, 코로나까지 겹치면서 엄마와 언니, 그리고 나, 셋이서 함께 보내는 시간이 부쩍 늘었다. 그때 학교도 가지 못하고, 밖에 놀러 나가는 일도 드물어서 집에만 있는 날들이 지루하게 느껴졌다.

하지만 한국에 와서야 깨달았다. 물론 아빠와 다시 만나게 되어 너무 기뻤지만, 매일 학원에 늦게까지 다니고, 친구들과 약속이 생기고, 엄마 아빠 두 분 다 바쁘게 일하시다 보니, 온 가족이 얼굴을 마주하는 시간이 고작 저녁 시간뿐이었다. 그렇게 짧아진 시간이 오히려 더 소중하고, 화목하게 느껴졌다.

그리고 그제서야 알게 되었다. 하와이가 그리웠다. 나는 중학생이 되어서도, 엄마 아빠 언니랑 붙어 있는 시간이 필요한 아이였구나 싶었다.

4. 하와이에서 불편했거나 힘들었던 경험, 문화 차이, 외로움은?

나는 예전부터 혼자 뒤처지는 것이 매우 싫었다. 그래서 별도로 ELL이라는 영어 들었어야 했을 때 좋지만은 않았다. 물론 영어를 못하는 나에게 이 수업이 정말 필요했지만, 같은 반 친구들보다 수준 낮은 수업을 듣는 기분이 들어 자존심이 깎이는 것 같았다. 그래서 중학교 때는 듣지 않겠다고 했다. 그 선택 이후로 나는 일반 수업보다 난이도가 있는 어드밴스드 Advanced반까지 올라갈 수 있었다.

5. 학교 점심시간은 어땠어?

하와이에서 먹었던 점심은 충격적이었다. 한 번 쓰고 버리는 종이 식판에 플라스틱 수저, 매번 축축한 냉동 피자에 같은 우유가 나왔다.

하지만 엄마가 정성스럽게 만들어 준 한식 덕분에 하와이에서의 시간을 버틸 수 있었던 것 같다. 한국에서 파는 음식만큼은 아니었어도 나에게는 한식 뷔페나 다름이 없었다. 엄마도 하와이에 와서 요리 실력이 늘었다고 했다.

학교에서 적응이 된 이후론 점심을 많이 먹긴 했다. 치킨텐더 같은 음식은 좋아했지만 우리나라 급식과는 많이 달랐다.

6. 영어가 처음에는 어땠는지, 어려웠던 부분이나 극복한 방법은?

솔직히 초등학교에서 'yellow'라는 한 글자만 알고 갔다 영어가 나에게 외계어로 보였다. 'n'이랑 'h'도 구분 못 했다. 당연히 적응이 쉽지 않았다. 하지만 점차 시간이 지나며 적응이 되었다. 반 친구들이 소통할 때 자주 쓰는 단어와 질리도록 많이 본 넷플릭스와 디즈니 시리즈물이 큰 도움을 주었다. 나에게 영어를 배우기 제일 쉬운 방법은 미국 드라마 보기였다.

7. 하와이 선생님 중 기억에 남는 선생님은?

내 ELL 반을 담당하셨던 찡 선생님이다. 찡 선생님은 나에게 가장 큰 임펙트를 주신 감사한 분이시다. 특히 제일 인상 깊었던 기억은 영어를 배우는 데 어려움을 겪는 아이들을 위해 그 아이 각자의 모국어로 하나하나 번역해가시며 수업을 이어 나가셨던 부분이다. 포기하지 않았던 선생님의 정성과 끈기는 지금도 깊은 인상을 남긴다.

8. 하와이에서 내가 바뀐 부분은?

하와이에 갔다 온 나는 낯선 사람과도 눈을 마주치면 인사하거나 웃는 법을 배웠다.

하와이에서는 낯선 사람을 보면 웃어주고 간단한 친절을 베푼다. 우리나라와 많이 다른 문화였기에 신기했다. 처음에는 낯선 사람을 경계했지만, 지금은 다른 사람에게 미소와 반가움을 먼저 건네는 습관이 생겼다.

9. 학교 마치고 뭐했어?

제일 기억나는 방과후 활동은 ASAS(After School All Stars)란 프로그램이였다. 그 곳에선 다양한 활동을 할 수 있었다. 월요일에는 축구, 화요일에는 명상, 수요일에는 요리 수업이 있었다. 이 프로그램에서는 학기 초에 원하는 수업을 투표해서 선정하고, 아이들이 신청해 참여하도록 했다. 나는 이 프로그램을 통해 친구들과 가까워졌고, 중학교 생활에 잘 적응할 수 있었다. 친구들과 많은 시간을 보내면서 추억을 쌓았다.

10. 만약 누군가가 하와이에 유학을 간다고 한다면, 하고 싶은 조언은?

사람마다 다르겠지만 적응은 결코 쉽지 않아. 다른 언어와 문화로 힘들 거야. 하지만 주눅 들지 말았으면 좋겠어. 곧 너와 잘 맞고 너를 있는 그대로 좋아해 주는 친구를 만날 수 있을꺼야. 하와이는 언제나 아름답고 빛나는 곳이야. 내가 거기서 잊을 수 없는 시간을 보낸 만큼 너도 잘 보내길 바래. 이 좋은 기회를 행복하게 보내!

에필로그

아이들의 유년기를 떠나보내며

하와이에서 돌아온 지 벌써 2년이 지났다.

전국에 폭설이 내린 일요일 저녁, 인천 공항에 도착했다. 그날은 그해 최저 기온을 기록했다.

하와이를 떠난 지 겨우 8시간 만이었다. 따뜻한 파란 나라에서 차가운 하얀 나라로 순간이동이라도 한 듯, 꿈처럼 낯설고 비현실적이었다.

아이들은 몇 년 만에 보는 눈을 반가워했다. 하지만 추위가 곧 현실로 다가왔다. 감기에 걸릴까 얇은 옷을 겹쳐 입고도 단단히 여몄다.

예약해 둔 콜밴이 도착했다. 차 안이 따뜻했다. 살짝 눈을 감았다 떴는데 어느새 집 앞이었다. 시간은 벌써 새벽을 가리켰다. 몇 시간 뒤 바로 출근이었다. 시차 적응도 없이 바로 직장에 복귀했다. 하루 만에 다른 일상이 펼쳐졌다. 그렇게 정신없이 지내다 보니 2년이 훌쩍 흘렀다.

겨울 내내 하늘은 잿빛이었다. 매일 구름이 낀 것 같았다. 봄이 되자 하늘이 간혹 파란색을 드러냈다. 그제야 문득 하와이가 떠올랐다.

"아, 내가 하와이에 살았지. 그런데 나는 지금 여기서 뭘 하는 걸까."

하와이가 3D 영화처럼 입체적으로 펼쳐졌다. 살던 집과 거리, 친구의 얼굴까지 당장이라도 손에 닿을 듯 생생했다. 분명 하와이에 사는 게 현실이었는데, 지금은 우리나라에 사는 내가 하와이 꿈을 꾸는 건지, 하와이에서 우리나라 꿈을 꾸는 건지 헷갈릴 지경이었다. 애써 외면하던 그리움이 봇물처럼 터졌다.

"엄마, 하와이가 너무 그리워. 그때는 엄마가 항상 집에 있었는데. 이제는 집에 와도 아무도 없네."
둘째 아이가 말했다. 그리고 미안한 듯 덧붙였다.
"그래도 여기는 아빠가 있어서 좋아."

아이들과 하와이 이야기를 나누다, 당연히 알고 있던 지명이나 가게 이름이 떠오르지 않을 때 하와이가 멀어졌다는 걸 실감했다. 소중한 무언가를 잃는 기분이었다.

첫째 아이는 입시가, 둘째는 사춘기가 시작되었다. 첫째는 달라진 공부 방식과 새로운 친구에 적응하느라 애를 먹었고, 둘째는 갑자기 떨어진 성적에 좌절하기도 했다.

나는 업무 공백을 메꾸느라 전전긍긍했다. 일 걱정에 한 시간 간격으로 잠에서 깨곤 했고, 주말에도 출근했다. 집에만 오면 녹초가 되어 그대로 침대에 쓰러졌다. 살림은커녕 손가락 까딱할 힘도 없었다.

가족 모두 일과 공부에 얽매였다. 하와이에서 지겹도록 보던 아이들 얼굴을 들여다볼 여유가 없었다. 네 명뿐인 식구가 한자리에 모이기 어려웠다.

그래도 우리는 다시 적응했다. 하와이에서 쉬고 놀면서 충전한 힘으로, 새로운 즐거움을 찾아냈다. 신랑은 가족이 함께여서 좋았고, 첫째 아이는 제대로 된 공부에 재미를 붙였다. 둘째는 친구와 몰려다니는 재미에 빠졌고, 나는 말이 통하는 직장 동료들과 어울려 일하는 게 즐거웠다. 우리 서로 공유하는 시간은 줄었지만, 각자의 자리에서 하루를 잘 살아냈다.

청소년기 아이와 부모 사이가 좋지 않다는 말은 우리와 먼 이야기였다. 우리는 여전히 서로 보고 싶고, 이야기 나누는 걸 좋아한다. 하와이든, 우리나라에서든 서로 고생하며 보듬었던 시간으로 인해 더 단단한 힘이 생긴다.

두 아이의 아름다운 유년기를 하와이에서 보냈다. 어느덧 내 키를 훌쩍 뛰어넘은 아이들. 마음껏 품었으니 이제 내보내는 연습을 할 차례다.

앞으로 우리에게 또 어떤 모습이 펼쳐질지 궁금하고, 기대된다. 무엇이든 환영한다. 늘 그랬듯이, 우리는 또 해낼 것이다. 이제 아빠도 함께.

『오롯이 셋이서, 하와이』
구매자에게만 드리는 특별 선물!!

『오롯이 셋이서, 하와이』를 구매하신 후,
아래 QR코드로 입장하여
구매인증을 해주시는 분들에게
【하와이 유학 실전 가이드북】
을 선물로 드립니다.

【하와이 유학 실전 가이드북】
주요 내용

1. 하와이 유학 준비
   하와이로 결정한 이유
   하와이 유학의 7가지 장점
   공립학교 무료 교육 시스템

2. 하와이 정착 과정
   집구하는 방법과 주의사항
   세 번의 이사 경험담과 팁
   중중고차 구매 가이드
   운전면허증 발급 방법
   주차 위반 대처법
   견인업체 연락처 찾는 방법
   차량 운행 관련 팁

3. 하와이 생활 실용 정보
   하와이 주요 마트별 특징
   장보기 루틴과 비용 절약 팁
   주차위반 대처법
   차량운행 관련 팁

4. 하와이 교육 시스템
   공립학교 등록 절차
   출석 관리 시스템
   ELL 프로그램

졸업 기준
학교 행사와 교육 철학
사춘기 학생 지원 시스템
부모를 위한 상담 프로그램
자연스러운 영어 습득 방법

5. 비용 관리
   생활비 절약 팁
   외식비 절약을 위한 집밥 요리
   무료 문화생활 활용법

6. 하와이 즐기기
   가볼만 한 곳
   와이키키와 그 외 섬들
   친구에게만 알려주는 여행 코스

7. 귀국 준비
   정리 및 짐싸기
   4년 살림 정리 과정
   불건 나눔과 기부 방법
   항공 수하물 준비 팁
   자동차 매매 과정

8. Q&A

오롯이 셋이서, 하와이

발행일	2025년 9월 24일 초판 1쇄
지은이	최지은
펴낸이	황준연
편집인	오형석
표지 디자인	권재연, 권영원
펴낸곳	작가의 집
출판사등록	2024.2.8(제2024-9호)
주소	제주도 제주시 화삼북로 136, 102-1004
이메일	huang1234@naver.com
연락처	010-7651-0117
홈페이지	https://class.authorshouse.net
ISBN	979-11-94947-27-1(03590)

· 이 책은 저작권법에 의하여 보호를 받는 저작물이므로 무단 전재와 복제를 금합니다.
· 파본은 구입하신 서점에서 교환해드립니다.